秦山核电

——中国民族工业的骄傲

黄潜／编著

中国原子能出版社

图书在版编目（CIP）数据

秦山核电：中国民族工业的骄傲 / 黄潜编著．—
北京：中国原子能出版社，2021.12
ISBN 978-7-5221-1638-9

Ⅰ．①秦… Ⅱ．①黄… Ⅲ．①核电站—建设—经验—
海盐县 Ⅳ．① F426.23

中国版本图书馆 CIP 数据核字 (2021) 第 204990 号

秦山核电——中国民族工业的骄傲

出版发行	中国原子能出版社（北京市海淀区阜成路 43 号 100048）
责任编辑	王　丹　申文聪
责任校对	宋　巍
责任印制	赵　明
印　　刷	天津画中画印刷有限公司
开　　本	710 mm × 1000 mm　1/16
印　　张	15
字　　数	370 千字
版　　次	2021 年 12 月第 1 版　2021 年 12 月第 1 次印刷
书　　号	ISBN 978-7-5221-1638-9
定　　价	38.00 元

发行电话：010-68452845　

秦山核电——中国民族工业的骄傲

编 委 会

序

秦山核电是我国自主核电的发源地，被誉为“国之光荣”“中国核电从这里起步”，播下了我国核电事业蓬勃发展的红色火种。在我国核电发展历程中，秦山核电作为中核集团旗下中国核电（股票代码：601985）控股的明星企业，始终坚持干在实处、走在前列、勇担国任、勇立潮头，发挥着领头羊和顶梁柱的作用，是享誉全国乃至世界的核电金字招牌。2020年秦山核电荣获全国文明单位并作为唯一的企业代表进行大会发言，受到习近平总书记的亲切接见。

从1985年3月20日秦山核电一期在浙江省海盐县正式开工建设，1991年12月15日秦山核电一期并网发电，历经30多年的建设与发展，如今秦山核电已有9台机组，总装机容量达660万千瓦，年发电量约500亿千瓦时。秦山核电基地成为我国核电机组数量最多、堆型最全面、核电运行管理人才最丰富的核电基地，培育了底蕴深厚、独具特色的核安全文化体系，形成了一整套成熟完整的安全生产运行管理体系和支持保障体系。培养了一支经验丰富、能驾驭多堆型运行和管理的人才队伍，涌现出以中国科学院院士欧阳予、中国工程院院士叶奇蓁等为代表的一大批杰出人物，对外输送2000多名各类优秀人才。先后荣获了国家科学技术进步特等奖、中国工业大奖表彰奖等重要科技创新奖项。安全运行水平进入了世界第一方阵，2020年9台机组共有8台机组世界核电运营者协会（WANO）综合指数满分。秦山核电累计安全发电超过6800亿千瓦时，占中国核电贡献给社会的清洁核能的比重超过50%，也给中核集团、中国核电带来了持续而稳定的收益。

追昔抚今，鉴往知来。作为我国民族核电事业的开拓者和引领者，中国核电正是在吸收、集成、发挥秦山核电30多年来积累的宝贵的技术、人才、管理、资产、先发优势基础上，逐步成长、壮大起来的。经过多年的建设与发展，秦山核电形成了安全环保、自主创新、群堆管理、人才摇篮、文化引领、对外服务、公众沟通、企地共融的秦山优势，无疑将成为新时代推动中国核电高质量发展的宝贵资源。“双碳”目标的提出，更是为我国核能产业高质量发展创造了新机遇和带来了新挑战。中国核电将立足新发展阶段，完整、准确、全面贯彻落实好新发展理念，积极融入新发展格局，引导帮助秦山核电谋划好下一步发展，落实好“一体两翼”规划，促进秦山核电持续保持9台机组的安全、稳定、经济、环保运行。推动数字型管理建设，抢占智慧核电的高地，成为世界核电运营管理的领跑者；指导秦山核电积极融合中核集团发展战略和长三角一体化等区域发展规划，建设好“零碳未来城”，推动在浙核电新项目开发；依托秦山核电深厚历史积淀，集成开发面向市场的创新产品，打造核电管理、体系、标准、产品和人才的重要输出地，实现基业长青。

回首过去硕果累累，展望未来任重道远。站在安全发电30周年的新起点上，衷心希望秦山核电赓续“国之光荣”的优良传统，积极传承“两弹一星”精神和“四个一切”核工业精神。大力践行“强核报国、创新奉献”的新时代核工业精神，落实好“责任、安全、创新、协同”的核心价值观，不断追求卓越、超越自我，持续提升机组本质安全和公司经营管理水平。加大改革创新和人才培养选拔力度，继续发挥开拓者、示范者、引领者作用，为建设魅力核电、美丽中国，推动我国早日建设成为核电强国作出新的更大贡献！

中核集团总经理助理，中国核电党委书记、董事长

卢铁忠

2021年10月30日

大力弘扬秦山精神
谱写“国之光荣”崭新篇章

值此秦山核电安全发电30周年之际，秦山核电党委组织编辑本书，总结经验、启迪未来，向在秦山核电建设发展历程中给予我们高度重视和关心支持的各级领导和社会各界同仁朋友们致敬，向为秦山核电安全发展、创新发展、创造卓越业绩作出努力和贡献的离退休老领导、老同志们致敬，向新时代正在为推进秦山核电“一体两翼”发展战略和“1+1+2+4”发展思路而拼搏奉献的全体秦山核电干部职工们致敬。

浙江是习近平新时代中国特色社会主义思想的重要萌发地，秦山核电是中国核电的起航地，是中国核电的“红色根脉”和“红船”。1985年首台机组开工建设、1991年并网发电以来，共有9台运行机组，总装机容量660万千瓦，年发电量达500亿千瓦时，是目前我国核电机组数量最多、堆型最丰富、核电运行管理人才最丰富的核电基地，被誉为“国之光荣”。

30多年来，全体秦山核电人牢记嘱托、勇当国任、攻坚克难、团结协作，创造了一流运行业绩、培养了大批骨干力量、积累了先进管理经验，用心血和汗水凝练了“自力更生、艰苦奋斗，严细认真、安全至上，创新奉献、为国争光”的新时代秦山精神。秦山核电成功建设证明，全体秦核人不负周总理等老一辈领导人的殷切嘱托，无愧“国之光荣”的无上称号。

2003年，时任浙江省委书记习近平同志视察秦山核电，充分肯定核电为经济社会发展作出的重大贡献，强调要发展清洁能源，走可持续发展道路，并指出浙江省今后也肯定会是一个核电大省。

今年是中国共产党成立100周年，“七一”前夕我们写信向习近平总书记汇报了秦山核电取得的成绩和后续发展规划，得到了总书记的批示鼓励，为我们的未来发展指明了方向，我们倍感振奋、倍受鼓舞。

30多年来，秦山核电牢记嘱托、勇当国任，从党领导秦山核电建设发展的经验中找到从胜利走向胜利的法宝，形成了“八个坚持”的发展经验。

一是坚持党的领导，强“根”固“魂”铸就“国之光荣”。秦山核电是在党中央和中央领导们的高度关注、亲切关怀、大力支持和勉励指导下建设和发展起来的，没有党的领导，就没有秦山核电，就没有秦山核电的发展。

二是坚持安全发展，确保核电安全万无一失。到2021年12月15日，秦山核电安全运行141.04堆·年，9台机组保持安全稳定运行。2020年8台机组WANO（世界核电运营者协会）综合指数满分，并列世界第一。

三是坚持创新发展，为中国核电科技自立自强贡献秦山智慧。荣获国家科学技术进步奖特等奖，拥有各种专利735项、各类标准68项、ISO国际标准2项。

四是坚持绿色发展，积极践行“绿水青山就是金山银山”理念。到

2021年12月15日，秦山核电预计发电约6900亿千瓦时，减排二氧化碳6.53亿吨，相当于植树造林约433.52个西湖面积。

五是坚持人才强企，为中国核事业发展提供第一资源保障。涌现了以欧阳予、叶奇蓁院士为代表的大批杰出人物，输出2500余名骨干、近100名核电高管，打造国家级大师工作室和院士工作站各1个。

六是坚持企地融合发展，与地方政府和人民群众共享发展成果。累计投资833亿元，年缴税费约37亿元，带动核电关联企业近百家，年产值291亿元，吸纳就业2万余人。

七是坚持央企责任担当，积极履行社会责任造福人民。新冠肺炎疫情防控实现“零确诊”“零感染”，结对帮扶浙江3个村脱贫，推进核能供暖和同位素技术应用等。

八是坚持“走出去”战略，助力构建新发展格局。承担巴基斯坦6台核电机组的调试运行等，成为“南南合作的典范”。

2020年9月，习近平总书记向世界作出“2030年前实现碳达峰，2060年前实现碳中和”的庄严承诺；2021年5月12日，浙江省委书记袁家军在浙江省碳达峰碳中和工作推进会上指出，从浙江资源禀赋看，核电未来发展是我们达峰的主力，也是最有利的条件，并要求围绕核电基地开展零碳未来城（园区）建设。新时代中国核电的发展迎来了新的春天，核电零碳优势将为助力率先实现碳达峰、碳中和目标贡献更多更大的力量。

立足“三新一高”，为助力实现碳达峰、碳中和目标，核电作为零碳能源责无旁贷，秦山核电作为“国之光荣”更加责无旁贷。

为此，“十四五”期间秦山核电将坚定不移实施“一体两翼”发展战略，按“1+1+2+4”发展思路统筹推进实现高质量发展。“1+1+2+4”发展思路，即一个秦山核电、一个“新秦山”、两个“零碳城”和“四个基地”。

一个秦山核电，即持续保持9台机组安全、稳定、经济、环保运行，努力推动数字型管理建设，抢占智慧核电高地，建设世界一流的运营业绩，成为世界核电运营管理的领跑者。

一个“新秦山”，即在现有秦山核电基础上再造一个“新秦山”，争取“十四五”期间实现一个新厂址落地，建设6台百万千瓦级核电机组，与秦山核电发电量相当。

两个“零碳城”，即建设环石浦港零碳产业园和中国（海盐）零碳未来城，积极打造核能发电、集中供热、供汽制冷等零碳能源平台，吸引先进制造业集群，打造“零碳能源，绿色发展”的国家级高质量发展示范区。

“四个基地”，一是建设“清洁能源示范基地”，开展光伏、风电、储能、供汽、供热等研究；二是建设“同位素生产基地”，带动同位素应用产业链发展，打造全国核技术应用产业示范基地；三是建设“核工业大数据基地”，推进数字化管理转型；四是建设“核电人才培养基地”，打造国内核电教育培训的引领者和核电人才资源的贡献者。

习近平总书记在“七一”重要讲话中，庄严宣告“我们实现了第一个百年奋斗目标，在中华大地上全面建成了小康社会”，并发出向第二个百年奋斗目标迈进，走好实现第二个百年奋斗目标新的赶考之路的号令。

“一代人有一代人的长征，一代人有一代人的使命！”今年秦山核电安全发电30周年恰逢伟大的中国共产党百年华诞，站在新的历史起点，我们要继续高举习近平新时代中国特色社会主义思想伟大旗帜，不断增强“四个意识”、坚定“四个自信”、做到“两个维护”，牢记“国之大者”，传承和弘扬伟大建党精神，传承和发扬“两弹一星”精神和“四个一切”核工业精神，弘扬“强核报国，创新奉献”的新时代核工业精神和“自力更生、艰苦奋斗，严细认真、安全至上，创新奉献、为国争光”的新时代秦山精神。勇于变革、勇于创新，永不僵化、永不停滞，敢于斗争、敢于胜利，永葆秦山核电作为中国核电“红色根脉”的鲜明底色，做新时代的核电领跑者。走好秦山核电新的赶考之路——全力再造一个新秦山，谱写“国之光荣”崭新篇章，为实现中国核电“两个十五年”奋斗目标和中核集团“三位一体”战略目标不懈奋斗。为助力实现碳达峰、碳中和目标，实现强核梦、强国梦贡献秦山核电更大力量，努力向党和国家交出一份新的更加优异的答卷！

是为序。

秦山核电党委书记、董事长

黄潜

2021年10月30日

国之光荣

邹家华

一九九九年六月吉日

目 录

目录

1

坚持党的领导　为“核电红船”把向领航

秦山核电基地是中国大陆第一个核电基地。秦山核电首台机组（30万千瓦核电机组）于1985年3月20日开工建设，1991年12月15日首次并网发电，实现了中国大陆核电“零的突破”，被誉为“国之光荣”“中国核电从这里起步”。如今，秦山核电基地已建成9台机组，总装机容量660万千瓦，年发电量约500亿千瓦时，是我国核电机组数量最多、堆型最丰富、核电运行管理人才最丰富的核电基地。

经过30多年的创新发展，秦山核电取得了一系列辉煌成就。到2021年12月15日，秦山核电9台机组累计安全运行141.04堆·年。2020年有8台机组WANO综合指数100分，运行水平稳居世界前列。多年来，秦山核电始终坚持科技自立自强，“秦山30万千瓦核电站设计与建造”荣获国家科学技术进步奖特等奖，“秦山60万千瓦核电站设计与建造”荣获国家科学技术进步奖一等奖。目前秦山核电拥有各种专利735项、各类标准68项，形成反应堆水下自主修护技术、钴-60生产自主核心技术，2020年和2021年先后发布2项ISO国际标准。

本文旨在简要回顾秦山核电建设的历史，从党的建设的角度，探讨秦山核电的“成功密码”，总结秦山核电党的建设经验，为后续秦山核电改革发展提供借鉴。

一、秦山核电取得的辉煌成就，是坚持党对核电事业坚强领导的结果

秦山核电是周恩来总理亲自主持决策的项目。1970年2月8日，周恩来总理在听取关于上海缺电情况的汇报时指出："从长远看，要解决上海和华东地区的用电问题，要靠核电。"并强调，"建设第一座核电站的目的不仅在于发电，更重要的是通过这座核电站的研究、设计、建设、运行，掌握核电技术，培训人员，积累经验，为今后的发展打好基础。"

在秦山核电建设和发展的过程中，党和国家领导人邓小平、江泽民、胡锦涛、李鹏、朱镕基、温家宝等多次视察秦山核电或对秦山核电的建设作出指示批示，对秦山核电的建设和发展予以关心和支持。例如，面对秦山核电30万千瓦机组设备制造遇到的难题，时任上海市市长江泽民同志曾指示上海的有关企业"核电国产化，这是开发新能源的大事，上海一定干，少给钱要干，不给钱也要干"，对秦山核电重要设备的研制给予了极大的支持；在1986年苏联切尔诺贝利核事故发生后，秦山核电建设遭遇"杜拉风波"。面对外国专家对秦山核电建设质量的质疑，李鹏总理亲自指定核工业部副部长赵宏担任秦山核电工程建设总指挥。在赵宏部长的带领下，大家迎难而上，勇担重任，力挽狂澜，建立起更加完善的质量管理体系，使秦山核电建设步入正轨；为了保存核电建设队伍，充分发挥人才、技术和设施的作用，在秦山核电一期工程正式开工后不久，1986年1月，国务院常务会议决定，在秦山地区建设秦山二期工程，为秦山核电后续的发展打下了良好的基础。

习近平同志在浙江工作期间曾三次到秦山核电视察。2003年2月19日，习近平同志在视察秦山核电时发表重要讲话表示，"看了秦山一、二、三期的建设和运行情况以后，感到十分振奋，感受到我们民族工业的振兴"，强调要发展清洁能源，走可持续发展道路，并指出"浙江今后也肯定会是一个核电大省"。

秦山核电的发展，离不开中国核工业集团公司（其前身是核工业部、中国核工业总公司）党组的坚强领导和大力支持。例如，1995年12月国家计委正式批准秦山二期工程开工后，面对当时因主要进口设备一国采购改为多国采购，造成设备接口复杂、设计滞后、施工图纸极度不足的难题。在1996年2月“平湖会议”上，面对是否按时开工的艰难抉择，时任中国核工业总公司副总经理张华祝最后表态，“走步险棋吧，结合实际，调整网络计划进度，6月1日按时开工！”2001年，秦山二期工程1号机组进入调试的最后冲刺阶段，因为图纸滞后，当时有个别子项晚了11个月，平均进度晚了4~5个月。时任中核总总经理李定凡一年之内九下秦山，七次主持召开现场协调会，帮助秦山二期工程解决了现场的难题，秦山二期1号机组提前23天实现并网。

回顾秦山核电30多年的发展历史，正是因为有党中央的坚强领导，有中核集团党组的关心和支持，秦山核电才能克服建设过程中的各种意想不到的困难，走出了一条核电国产化的康庄大道。

二、秦山核电取得的辉煌成就，是不断加强党的建设的结果

1982年4月1日“七二八工程筹建处”成立，1982年4月26日核工业部党组批准成立“中共七二八工程筹建处临时委员会”，之后，无论组织机构如何调整，秦山核电历届党委始终坚持党的组织与行政机构同步调整，党的建设与生产经营工作同步谋划、同步部署、同步落实、同步检查，坚持两个文明建设一起抓，为秦山核电事业的发展壮大提供了坚强的思想保证、组织保证、人才支持和精神动力。

（一）加强党的思想政治建设，使秦山核电始终保持坚定正确的发展方向

公司党委始终把党员、干部和职工的政治理论学习、理想信念教育放在第一位，建立完善党委理论学习中心组等有关制度，坚持年度有学习

规划、季度有学习安排，根据企业不同阶段的发展目标，有针对性地加强政治理论的学习。例如，在秦山核电一期工程筹建初期，党委就注意用核工业创业史在职工中进行自力更生、艰苦奋斗的教育，开展了五大讲，即大讲工程建设的重大意义及对我国的影响，大讲中央、国务院和有关部委、省市的重视、关怀、支持和期望，大讲工程建设与贯彻保军转民方针的关系，大讲工程建设与实现党提出的总任务、总目标的关系，大讲工程任务的艰巨性和紧迫性。从而动员广大党员和职工发扬当年研制第一颗原子弹的革命精神，为秦山核电早日建成发电起到了良好的效果。又例如，1994年核电站第一次换料大修，公司党委召开誓师大会，组织了劳动竞赛，保障了第一次换料大修的顺利进行；1999年针对党员、干部和职工队伍存在的问题，公司党委大力开展了作风建设的专题讨论，有效促进了干部职工作风转变；2004年，公司党委组织全体党员和员工开展了“企业发展大讨论”，有效促进了方家山项目的建设。

（二）加强领导班子和干部人才队伍建设，为秦山核电发展提供了坚强的领导核心和人力支持

自公司党委成立以来，通过建立完善党委中心组学习制度，不断加强政治思想学习；制定《公司重大事项议事规则》《公司“三重一大”决策实施细则》等制度，建立健全民主、科学的决策机制；坚持党员领导干部民主生活会制度，不断增强班子团结。公司历届党政领导班子一直保持着政治上坚定、思想上统一、组织上坚强。党政领导相互信任，相互支持，通力协作，和衷共济，是一支团结奋斗、坚强有力的领导集体。2005年，公司获中核集团党组颁发的“‘四好’领导班子”荣誉称号；2006年，公司获中组部和国务院国资委党委联合颁发的“全国国有企业创建‘四好’领导班子先进集体”荣誉称号。正是因为有了领导班子的坚强领导，秦山核电克服了建造、运行中遇到的“杜拉风波”“T4事件”“T6事件”等各种艰难险阻，保障了9台机组的顺利建成和机组运行

业绩进入世界前列。

在秦山核电30多年的发展过程中，公司党委高度重视干部人才队伍建设。通过不断完善干部选拔任用、教育培训、监督考核等机制，推动干部队伍“四化”（革命化、年轻化、知识化、专业化）建设；通过加强思想政治工作，开展各种技术技能培训和劳动竞赛，努力培养一支“四有”（有理想、有道德、有文化、有纪律）职工队伍，为秦山核电发展提供了有力的人力支持。经过30多年积累，秦山核电目前已拥有运行、维修、技术等多领域专业技术人才3557人，经营管理人才517人，涌现出了以中国科学院院士欧阳予、中国工程院院士叶奇蓁、“工人院士”何少华等为代表的一大批杰出人物，对外输送2500余名各类优秀人才，近100名核电高管，为我国核电人才培养作出了重要贡献。

（三）加强基层党组织建设，不断增强党组织的凝聚力和战斗力，为秦山核电发展提供了坚强的组织保证

多年来，公司党委始终坚持把加强基层党组织建设和党员队伍建设作为长期的基础性工作不断进行深化和提高。从提升基层党支部的工作能力和改进工作方法入手，强化对党支部工作的指导；鼓励基层党支部大胆探索新形势下支部工作的新方法，使基层党建工作紧贴实际，融入企业生产经营管理，在工程建设和生产实践中真正发挥了凝聚党员、团结职工的战斗堡垒作用。例如，在秦山一期安装调试过程中，检修部仪控队的同志怀着为祖国争光、为民族争气的坚定信念，仅用一个月的时间就完成了18 000条电缆、20多万个接头的校线、接线任务，质量全部合格，与国外同类型的核电站相比缩短工期2个月，仪控队集体被授予“全国五一劳动奖状”；秦山三期成立重点科技攻关团队，解决了国外供货商历时3年实施了多项改造都没有解决的“8兆瓦”问题；面对中国援建巴基斯坦恰希玛核电站的一次设备故障，党员何少华带领的维修团队打破国外技术封锁，研制出水下精密测量、水下切割、水下焊接等一套水下检修方案，成功解决了难题，填补了国内该领域空白。

经过实践锤炼，秦山核电党员队伍成为一支“平常时候看得出来、关键时刻站得出来、危急关头豁得出来”的先锋模范队伍。公司党委多次获得“中央企业先进基层党组织”，陈曝之同志被评为全国优秀党政领导干部和核工业部劳动模范，姚建远同志、田庆红同志被评为全国劳动模范，何少华同志荣获中华技能大奖……这些先进集体和个人在各自的岗位上为核电建设做出了显著成绩，成为广大职工学习的榜样。

（四）加强企业文化和精神文明建设，为秦山核电发展提供了强大的精神动力

加强以核安全文化为核心的企业文化建设。在秦山一期建设时期，秦山核电党委即围绕“安全是核电站的生命”这一安全思想命题，在职工

中开展了安全生产的“大学习大讨论大检查”，编印了多种核安全文化读本，组织开展电厂“百日安全生产”等安全主题活动。2001年9月，秦山一期全面导入CIS工程；2005年底，秦山一期通过了《公司纲领》，提出了“努力打造中国核电运营管理第一品牌”的企业愿景和“安全视为生命、责任化为动力、制度保障效益、团队构造优势、创新成就未来”五大核心价值观，进一步提高了公司凝聚力，有效促进了公司发展。秦山二期党委发扬核工业创业精神，广泛开展以核安全文化为特色的企业文化建设，规范了企业视觉传达系统，确定了司徽、司旗、司歌，归纳提炼了“开拓进取、求实创新”的企业精神。秦山三期党委组织提炼了公司精神、公司使命、公司价值观等，印发《员工手册》，提出“总经理部的六个期望”，培养员工按程序操作的工作习惯，形成了具有三核特色的公司文化。党的十八大以来，为促进秦山核电三家单位文化融合，公司党委总结提炼形成“做一名有高度责任心的核电工作者”核安全文化价值理念和“做国之光荣的坚定捍卫者和发扬者”秦山核电人精神内涵，探索建立“九微”文化体系。公司先后获“中国企业文化建设先进单位”“中国十大最具文化价值品牌”“改革开放40年中国企业文化优秀单位”“浙江省十佳企业文化建设示范单位”等荣誉。

坚持开展文明职工、文明岗位、文明班组、文明单位的创建活动。公司党委坚持工程建设、生产运行和精神文明两手抓、两手都要硬的方针，逐步形成了“两项任务一起下，两副担子一起挑，两个成果一起要”的工作格局，每年有重点地组织开展一些系列活动。例如，1993年在职工中开展了“创建文明岗位，管理再上台阶，迎接并网发电两周年”的活动；1995年开展了“双文明建设十件大事评比”的活动，开展了“秦山人形象大讨论”，制定了文明职工的基本条件；做好每年一次的文明员工、文明班组（科室）和文明家庭的评选等。2006年前后，秦山核电三家单位先后被评为“浙江省文明单位”，2020年秦山核电被评为“全国文明单位”。通过各种类型的文明创建活动，有效促进了职工思想道德素质的提升。

始终坚持党的宣传方针，围绕工程里程碑进度和重要活动，做好公司内外部宣传。秦山核电建设发展成就多次被《人民日报》、中央电视台“新闻联播”等中央权威媒体宣传报道，有力提升了秦山核电品牌形象和美誉度。按照“贴近实际，贴近生活，贴近群众”原则，加强先进典型人物和事件的宣传报道，及时反映员工精神风貌和公司建设发展成就，讲好“秦山故事”和“核电故事”，唱响主旋律，既极大激发了员工的工作热情，又营造了良好的社会舆论氛围。

（五）加强党风廉政建设，为秦山核电发展营造风清气正的良好氛围

秦山核电开工建设伊始，公司党委就高度重视党风廉政建设。一是对党员和干部开展经常性的党风党纪教育。通过上党课、开座谈会、参观反腐败成果展览、进行典型案例教育等形式，使党员、干部始终保持清醒的头脑，增强拒腐防变的能力和廉洁自律的自觉性。二是用制度规范约束各级干部、党员的行为。1985年公司党委制定了《关于党政领导干部作风建设的十条规定》，之后又陆续制定了《关于加强领导干部廉政建设的有关规定》、《党员领导干部保持廉洁加强纪律的规定》、礼品登记上缴、重大事项报告、个人收入申报、谈话诫勉等相关制度、规定30多项。同时建立了党风廉政建设责任制，形成了一级抓一级、层层抓落实的良好机制。三是加强党内监督。支持纪委建立了一支纪检员和信息员队伍，设立了检举箱、举报电话，制定了“来信来访”“礼品礼金处理规定”等制度；处以上党员干部定期过双重组织生活，接受组织和党员的监督；按照上级规定配备纪检人员，支持纪委查处违纪案件，较好保证了干部队伍的清正廉洁，秦山一、二、三期工程建设期间，未发生大的违纪违法案件。

党的十八大之后，逐步建立完善落实中央八项规定精神长效机制，

完善党员干部直接联系服务职工群众制度，加强调查研究，解决实际问题，发挥党员领导干部示范带头作用，推动干部士气、党内正气、企业风气进一步提升。探索建立激励约束和容错纠错机制，宽容干部在工作中特别是改革创新中的失误，最大限度调动干部干事创业的积极性。建立完善党风廉政建设“两个责任”清单，压实党员领导干部“一岗双责”，不断完善“大监督”机制，每年开展“反腐倡廉教育月”活动，针对重点领域、关键环节等开展专项监督；坚持抓早抓小，有效运用监督执纪“四种形态”；强化巡视巡察成果运用，加大案件查办和通报力度，推动“清廉秦山”建设不断深入，公司上下形成了“勤勉崇廉、诚信守法”良好氛围，为秦山核电健康发展提供了有力保障。

（六）加强对群团组织的领导，充分发挥群团组织桥梁纽带作用

秦山核电开工建设后，公司党委按照有关规定，逐步建立了工会、共青团、科协等群众性组织，支持群团组织按照各自的章程创造性地开展工作，为促进秦山核电工程建设、安全运行发挥了积极作用。

工会组织坚持开展以安全生产为主题的系列安全教育和劳动竞赛活动，有效地提高了广大职工安全文化意识。据不完全统计，1992年至2004年的12年间，秦山一期工会组织有关培训434期，达7000余人·日；组织安全知识竞赛11次，参赛人数近2万人次；组织岗位练兵、技术比武61场次；组织劳动竞赛51次。秦山核电多次荣获浙江省和全国“安康杯”优胜企业称号。逐步完善了以职工代表大会为基本形式的企业民主管理制度。通过职工代表大会制度、民主评议领导干部制度、厂务公开制度、会议通报制度等，不断扩大企业民主，依法保障职工的知情权、参与权、决定权和监督权。强化工会劳动保护的职能，健全劳动保护的网络，做好劳动保护和安全生产监督检查工作。1998年秦山核电荣获“全国工会劳动保护先进单位”称号。推出系列先进集体、先进个人、劳动模范的评比活动，有效调动了广大职工积极性。每年开展“送温暖”活动和困难

职工走访慰问活动，真心实意关心职工疾苦，切实帮助职工排忧解难。用文化活动陶冶职工，经常组织开展群众性的文体活动，基本做到每年有主题活动，每季有中心活动，每逢重大节假日有相关活动，为企业营造了健康向上的文化氛围。

共青团组织始终坚持党建带团建，不断加强团员青年理想信念教育和价值观教育，引导广大团员青年“听党话、跟党走”。坚持开展青年创新创效、青年志愿者、青年突击队、青年技能比武等活动，组织开展“一体两翼”青年项目设计大赛、青年创新论文评选，不断深化“号、手、岗、队”创建，有效提升了青年员工技术技能和创新创效能力。开展“杰出青年”评选，鼓励青年立足岗位，钻研业务，崇尚技术，成长成才。关心青年职工的生活，开展联谊和丰富多彩的文体活动，提高团组织的吸引力、凝聚力和战斗力，增强团组织的生机和活力。

科协工作结合核电的特点，开展了“秦山核能科普知识竞赛”，承办了“海峡两岸核科技夏令营”，参加了“科普下乡”、中国浙江科普节等活动，探索出有秦山核电特色的核电科普和核能大众宣传教育之路。通过“科技工作者日”等科技学术活动，不断提升秦山核电科技工作者创新能力和学术水平。1991年11月秦山核电被中国科学技术协会命名为“全国科普教育基地”；1999年12月秦山核电被国家科学技术部、中宣部、国家教育部、中国科协命名为“全国青少年科技教育基地”。

回顾30多年的发展历史，秦山核电始终坚持党的领导，不断加强党的建设，为“核电红船”把向领航，为秦山核电事业的发展壮大提供了坚强的思想保证、组织保证、人才支持和精神动力。秦山核电成功实现了“中国核电从这里起步”“走出一条核电国产化的路子”“核电工程管理与国际接轨”“从30万千瓦到100万千瓦自主发展的历史跨越”，培育了底蕴深厚、独具特色的核安全文化体系，形成了一整套成熟完整的安全生产运行管理体系和支持保障体系，培养了一支经验丰富、能驾驭多堆型运行和管理的人才队伍，圆满完成了周总理当初提出的“掌握核电技术，培训人员，积累经验，为今后的发展打好基础”的目标任务。

三、秦山核电建设发展历程和党建工作经验启示

习近平总书记曾说过：“历史是最好的教科书。”回顾秦山核电30多年的建设发展历程，我们深深感到，要走好秦山核电新时代赶考之路，使“核电红船”行稳致远，谱写“国之光荣”新篇章，我们必须从秦山核电的建设发展历史中汲取营养，总结经验，得到启迪。

（一）必须高度自觉地用习近平新时代中国特色社会主义思想武装头脑、指导实践，始终做到对党忠诚、不负人民，把秦山核电的发展融入国家发展需要和人民美好生活需要的大局。

（二）必须坚持以人才为第一资源，不断加强领导班子建设和干部

人才队伍建设，始终做到践行初心、担当使命，为秦山核电发展提供坚强的领导核心和充分的人力支持。

（三）必须不断加强基层党组织建设，不断加强党员教育管理，不断增强党组织的创造力、凝聚力和战斗力，为秦山核电发展提供坚强的组织保证。

（四）必须不断加强企业文化和精神文明建设，建设高素质员工队伍，围绕中心工作积极开展先进典型宣传，为秦山核电发展提供强大的精神动力和良好的舆论氛围。

（五）必须继续加强党风廉政建设，坚持无禁区、全覆盖、零容忍，一体推进不敢腐、不能腐、不想腐，为秦山核电健康发展营造风清气正的良好氛围。

（六）必须继续加强党对群团组织的领导，不断增强群团组织的政治性、先进性和群众性，在凝聚员工、服务员工方面充分发挥群团组织的优势和桥梁纽带作用。

回顾过去，秦山核电在党的正确领导下，坚持独立自主，一路砥砺前行，无愧“国之光荣”；展望未来，秦山核电将从30多年的建设发展历史中汲取经验，大力弘扬“强核报国、创新奉献”新时代核工业精神，牢牢把握时代机遇，坚持安全发展、创新发展，力争再造一个新秦山，追求卓越，超越自我，全力支撑中核集团“三位一体”奋斗目标的实现，为浙江省打造“重要窗口”和全国实现“碳达峰、碳中和”作出秦山核电应有的贡献！

2

坚持安全第一　确保核安全万无一失

30年来，秦山核电以国家总体安全观为大局，秉承理性、协调、并进的核安全观，将安全视为企业的生存线、员工的幸福线；始终将核安全置于最优先位置，用高度的使命感和责任心对待核安全，确保核安全万无一失；始终坚持“安全第一”，坚持生命至上、以人为本，全力保障员工、从业者和公众健康安全。

一、强化监督，践行核安全命运共同体

自首台机组并网发电以来，历经30年发展，秦山核电已建成9台机组，实现安全稳定运行137堆·年。30年来，秦山核电没有发生国际核事件分级INES 2级及以上运行事件，机组WANO性能指标优于国际同行水平，共有26台次机组获得WANO性能指标综合指数满分，2020年9台机组中有8台同获满分。这些成绩的取得离不开国家核安全监管部门的监督指导和秦山人自己的努力。

（一）不断完善核安全监督管理体系

首台机组运行之后，为加强核设施内部监督，根据国家核安全局要求，秦山核电率先设立了独立的核安全监管部门。随着秦山基地新核电机组的不断开工建成，公司核安全监管部门白手起家从零开始，在没有经验

可借鉴的情况下不断摸索和发展，逐步培养出一支有战斗力的队伍，形成了一套与国际接轨又符合秦山实际的核安全监督管理体系。

秦山核电始终将保障核安全作为首要责任，秉持核安全精神，深刻认识核安全是核事业发展的生命线，从严监督，做好核安全屏障。按照核安全法规、核安全导则、最终安全分析报告、管理程序和核安全相关技术文件的要求，做好自身核安全监督和管理。经过30年的历练，公司对技术规格书的认识已从当初的“最高要求”转变为当前的“最低要求”，彰显了公司核安全管理水平的提升。

公司打造了完整的经验反馈体系，积极汲取和分享内外部经验教训，借鉴及应用业界的良好实践，以减少电厂乃至同行业类似事件的重复发生。自1998年首次引进状态报告体系，公司逐步开发了状态报告数据库，显著提升了经验反馈的开发和利用效率，且运行至今数据库累积了大量的历史数据，为经验反馈大数据分析提供了宝贵的原始数据。

（二）建设秦山特色的核安全文化

秦山核电于1994年初引进安全文化，按照国际原子能机构（IAEA）推荐的方法自上而下地宣传推广，通过培训等手段提高管理人员和员工的安全文化意识和素养。多年来，公司通过学习、消化国际核电站的管理经验，结合自身实际，不断总结、提炼，逐步形成了一套有秦山特色的核安全文化。

公司逐步开展内部自我评审和外部同行评估，改进工作过程，实施过程控制，应用以风险分析为基础的风险控制方法，建立独立监督验证体制，在国内率先开展定期安全评审、概率安全分析，施行SAT系统化培训方法，开发防人因工具，建立防人因失误实验室，提倡“明星自检”STAR工作方法等，推动核安全文化逐渐形成。

2011年8月，公司开展了国内首次安全文化现场评估。评估队利用WANO《卓越核安全文化八大原则》，对照国际上的成熟经验和做法，根据全员问卷调查数据、现场人员访谈和现场观察等结果，形成了评估结论。评估活动有效提升了公司管理层和员工的核安全文化意识。

“强化核安全文化，营造共建共享氛围，加强国际核安全体系，人的因素最为重要，法治意识、忧患意识、自律意识、协作意识是核安全文化的核心，要贯彻到每位从业人员的思想和行动中，使他们知其责、尽其职。”秦山核电将以习近平总书记在2016年华盛顿核安全峰会对核安全文化的重要论述为指引，不断推进核安全文化建设。

（三）坦诚接受外部监督检查与同行评估

秦山核电的发展离不开国家核安全局和华东核与辐射安全监督站的监督指导，国家核安全监管部门每年组织专家对公司开展核安全检查、运行专项检查和大修后临界安全检查等，有力推动了公司核安全管理工作。同时，公司认真遵守核安全相关法律法规和运行许可证条件，及时向核安全监管部门提交各类定期报告和事件报告等，强化核安全管理自觉。

30年来，秦山核电先后接受IAEA组织的核电厂运行安全评估OSART检查、WANO和国内核能行业协会等组织的同行评估，通过对检查和评估发现的待改进领域和偏差的原因分析，制定和落实相应的纠正行动，有效提升了核安全管理能力。同时，公司采用“引进来”和“走出去”的形式培养同行评估人才，积极参加国内外电厂的同行评估活动，促进电厂之间的相互交流。2000年，公司更以WANO同行评估为蓝本，开始施行和推广内部的自我评估。通过开展国内外同行评估和交流，公司在学习中获得了持续的进步与发展。

（四）探索核安全管理的更高峰

随着《中华人民共和国核安全法》的颁布，国家核安全的战略定位愈发清晰，核电厂自身核安全监管工作显得愈发重要。今后秦山核电将继续奉行精益求精的理念，努力探索优化核安全监督方法；进一步提高员工的核安全意识，深入贯彻“人人都是核安全的最后一道屏障”理念；充分开发利用大数据平台，加强经验反馈大数据应用，构建完善核安全业务综合管理信息平台和经验反馈数据库，继续做好内外部经验反馈工作和核安全监管要求及技术规格书监督措施的落实；践行核安全命运共同体，继续开展国际国内核安全合作，分享技术和经验，贡献资源和平台，坦诚接受监督检查和评估，不断提高核安全管理水平。

二、强化责任，推动实现“双零”目标

30年来，秦山核电工业安全管理始终坚持“安全是核电站的生命”，积极探索“零事故、零轻伤”的安全管理策略，近年来，公司保持了“双零”目标纪录，并发展出了一套具有核电特色的工业安全管理模式。

（一）安全管理，制度先行

秦山核电不断健全完善工业安全制度体系，公司层面建立了以全员

安全生产责任制为核心的31份工业安全制度程序，各业务部门建立了与自身业务相匹配的安全管理制度，安全监管部门进一步制定了安全关键流程、标准检查单等标准化执行文件，在制度方面确保“有法可依”，并注重应用评估与优化完善，不断提升可执行性。近年来，公司加强安全管理标准输出，主持或参与编制了《运行核电厂安全生产标准化考核评级规范》（GB/T 37867）等多份国家、行业和中核集团企业标准，参与国家先进压水堆、“华龙一号”等工业安全管理体系重点课题研究，当仁不让扛起了国有企业安全示范重任。

（二）安全管理，重在落实

秦山核电建立了覆盖全域的安全区域管控责任制度，以及覆盖全员的安全生产责任体系，从空间和人员两个维度全面落实安全主体责任。在区域安全管控上，实行网格化管理，并将区域内危险源等关键物项与党员领导干部安全责任挂钩，实现固定设备设施安全的挂账督办。在作业活动安全管控上，推进落实“直接—管理—领导—监督”四位一体责任机制，即作业单位负直接责任、接口管理部门负管理责任、生产单元负责人负领导责任、安全监管部门负监督责任，呈现齐抓共管、合保安全的局面。

（三）安全管理，要抓关键

秦山核电将高风险作业作为安全关键工作，将承包商人员作为安全管理关键人群，不断改善方式方法，持续提升“两个关键”管控水平，夯实安全管理的重中之重。

秦山核电早在2008年就率先实施了高风险作业许可制度，该制度明确了核电厂工业安全高风险作业类型及分级管控策略，近年来进一步完善为高风险作业“五步十法”，成为中国核电所有核电厂的高风险作业管理通用方法。

在关键人群安全管理上，秦山核电对承包商单位历经了保姆式服务、粗放型管理，正走在构建具有核电厂特色的承包商安全管理体系道路上。

该体系以合同契约化安全绩效考核为指挥棒，以违章和偏差处罚为刚性约束，发挥过程安全指标的监控指引作用；同时建立承包商专项安全奖励资金池，形成良好行为多样化表扬渠道，深入推动承包商管理团队自主规范化安全管理。通过建立健全“两个关键”安全管理机制，秦山核电拥有了管好安全的底气。

（四）安全管理，精益求精

30年来，秦山核电工业安全从粗放式管理走向了安全业务精益化。公司在做好安全生产基础管理的前提下，注重安全管理创新，探索建立了10项工业安全过程指标，其中自主创新的隐患排查反差率指标被中核集团采用，在全系统进行了推广。近年来，连续策划开展安全环保综合提升专项行动，针对高处作业、电气作业、起重作业、有限空间作业等重点安全事项加强改进和规范。公司创新开展工业安全风险评估提升小组活动，以提升本质安全为驱动，从安全管理处室拓展至业务处室，群策群力、发扬民主，通过提炼共性问题、剖析薄弱环节、优化管理流程、试点安全装具、推广本质安全措施，助推公司安全管理能力升级、水平提升。

此外，公司自主建设了工业安全实操培训室，设置了与现场工作风险密切相关的七大实操模块，并开发了工业安全加油站VR体验馆，通过震撼式实操培训的方式，让员工得以磨练安全技能、锤炼安全意识。公司安全管理创新取得良好效果的同时，也得到了监管部门、中核集团和行业的肯定，多次获得中国国防科技工业企业管理创新成果二等奖、中核集团管理创新二等奖等荣誉。

（五）安全管理，领导文化

秦山核电奉行安全文化是领导者文化，安全要由领导率先垂范。公司以“党建+安全”为着手点，大力开展党员领导进班组活动。公司领导联系业务处室和承包商单位班组，了解基层人员安全生产工作实情实况，听取工作与生活建议，帮助解决安全生产难点问题，推动参与业务处室与承包商单位班组安全生产工作走深走实。

公司加强安全生产委员会运作机制建设，形成周、月、季度多层次会议研讨解决安全生产问题模式。发挥周会的“短、平、快”作用，做好上级安全要求的快速传达与部署落实，对发生的违章偏差与安全事件进行即时研讨与纠正；发挥月会的汇总和考核功能，对安全指标的偏离进行监控和处理，对各部门安全生产工作的不足进行盘点与指正；发挥季度会抓大事的作用，部署落实重点安全生产工作，研究解决重要问题。

公司重视领导者深入基层一线，通过管理巡视和观察指导、安全检查、危险源督办、高风险作业监督等多种策略，推动各层级领导干部勤下现场、掌握实情、管控风险、发现并解决问题。正是基于领导重视安全的示范效应，秦山核电安全文化建设取得丰硕成果，先后获得“国家能源局全国电力安全文化建设优秀创新成果”和“全国安全文化建设示范企业”称号。

三、把握原则，创造辐射安全管理新局面

30年来，秦山核电持续推进辐射防护最优化工作，奋力保障核与辐射安全，为生态文明建设发挥核力。

（一）贯彻“三原则”，紧抓“最优化”

辐射防护工作必须满足国家法律法规及辐射防护“三原则”的要求，其中“最优化”原则是辐射防护工作的核心内容，即“防止电厂工作人员受到不必要的辐射照射，在考虑了社会和经济因素的情况下，使人员接受的辐射照射降低到合理可行尽量低的水平”。30年来，秦山核电贯彻落实辐射防护“三原则”，持续推进“最优化”辐射工作实践。

一是构建了以信息系统为基础的辐射安全管理体系。EAM（生产管理信息系统）、PDMIS（个人剂量管理）、IRP（辐射防护数据库）等信息系统有力支撑了辐射安全管理工作。基于工作内容、辐射分区、个人剂

量、集体剂量等信息开展辐射安全风险分析与辐射工作分级许可，实施在线开完工手续，实现辐射工作的在线流程管控；对辐射控制区实施红、橙、黄、绿四级的再分区，并实行红、橙区作业的在线审批。切合作业实际的信息系统的深度应用，使辐射工作风险全面可知可控。

二是加强放射性污染和人员剂量管控。放射性物项转运和临时辐射控制区出入实现电子化审批，从污染隔离区到负压棚，不断优化提升水池去污标准；研究管道外超声去污等先进科技手段，有效提升现场污染管控能力。加强有利于辐射防护的系统设备、工器具和材料的提升和使用，推动剂量最小化工作，如改型保温材料以实现快速拆装、改进屏蔽材料选材加工和拆装方式，大大缩短人员作业时间，降低集体剂量。

三是加强重要辐射场所管控和放射源安全管理。对高辐射区域进行上锁管理，控制人员进出，进入人员必须穿戴铅衣或者钨衣；针对大型作业场所，优化进出和隔离区域，减少人员停留时间；优化大修工作平台，优化保温脚手架高水位平台施工方案，降低作业人员集体剂量。公司建立了完整的放射源安全管理体系，2020年8月，遵照地方环保部门要求，秦山核电三家业主单位的辐射安全许可证合并，合并后由公司统一持证，实现了公司范围内放射源资源的统合与一体化管理。

四是注重提升现场作业人员的技能水平，促进辐射安全绩效的提升。公司建立了规范的辐射防护技能培训中心，提供防护用品使用、标识标牌、出入控制流程、人因等培训；对重点辐射工作项目的人员进行单独培训，包含特殊防护用品穿戴及使用，污染隔离区和负压棚讲解；对蒸汽发生器拆装堵板等重点项目进行人员培训，提升员工及承包商人员的工作技能，促进降低集体剂量。

（二）努力创造辐射安全管理新局面

秦山核电“十四五”规划中，提出了辐射防护工作的任务和目标：优化辐射防护技术和管理措施，提升辐射防护最优化实践能力，

“十四五”末，实现单堆集体剂量三年周期均值达到WANO前1/4的先进水平。为此必须引入新材料、新工艺、新技术，实现创新发展。近年来，公司保健物理部门加快了数字化改造步伐，推动伽马相机、视频监管平台、个人剂量计自助配发智能柜、厂区无线辐射监测系统、智能核清洁机器人、人脸识别技术、VR技术等项目应用，努力创造辐射安全管理新局面。

秦山核电打造了“倪伟工作室”，作为辐射防护创新引擎。成立于2018年9月的“倪伟工作室”是公司第一批高技能人才创新工作室，聚集了全国技术能手、中央企业技术能手等专业化人才，是国内首个核电企业辐射防护创新工作室，也是浙江省部属企事业高技能人才创新工作室。工作室致力于核电厂辐射防护标准化研究、专业技术和设备的创新研究，努力解决公司的实际难题，打造核电厂辐射防护创新成果，目前已取得各类专利、奖励、荣誉26项。

四、做实职能，提升消防保卫管理能力

30年来，秦山核电消防保卫部门始终坚守职能、苦练内功，誓为公司站好岗、把好关，全力保障核电厂消防与保卫安全。

（一）不断提高消防保卫监督管理能力

公司贯彻“预防为主、防消结合”方针，坚持“纵深防御”原则，建立了以运行安全为核心的消防安全监督管理体系、消防系统功能保障体系和消防应急（灭火）响应组织体系，加强消防安全责任落实，有效执行各项消防管理制度和消防系统设施试验维修规程；定期组织开展各类消防培训、演习演练，不断提高全员消防安全意识和消防技能水平；不断加强消防灭火响应能力建设，配置与核电厂消防安全相适应的消防装备和人员，提高灭火救援能力。通过现场防火控制、消防系统设施、消防灭火响应等设置一系列纵深防御措施，有力保障了公司消防安全。

公司贯彻落实“预防为主、单位负责、突出重点、保障安全”方针，坚持“纵深防御、均衡保护”和“谁主管、谁负责”原则，全面落实安全保卫责任制。通过规范和加强核设施实物保护及核材料管制等核安保工作，积极培育核安保文化，预防和打击破坏核设施的犯罪行为，制止非法入侵行为，防止核材料丢失、被盗、非法转移，保障核材料和核设施安全，保护国家财产和公众安全，维护公司良好的生产工作秩序和治安环境，确保核材料核设施安全。

（二）奋力创建有秦山特色的消防保卫工作

1. 持续探索消防安全“3211”特色管理方式

三基础：一是消防监督规范合标。以满足法规要求为基础，规范消防监督管理要求，落实消防安全责任，持续做好专业化消防监督。二是消防设施功能完好。以消防设施功能完好为基础，建立完善的消防设计审查验收、消防系统设施维护管理制度，保障消防系统设施的设计功能。三是消防响应及时高效。以消防响应及时高效为基础，建立一支“召之即来、来之能战、战之能胜”的专业消防救援队伍，并匹配完善的管理制度及装备设施，保障核电厂及员工安全。

二提升：一是以规范提升技能，以各类消防法律法规、规章制度、设计规范、产品说明为基础，梳理核电厂所必须遵守的各项要求，采用压担子、多鼓励、多培训等多种手段，持续提升专业人员业务能力。二是以科技提升效率，积极跟踪消防技术和产品发展趋势，以物联网、大数据等各类信息化手段，结合核电厂消防监督管理特点，不断提高消防监督管理效率。

一加强：加强员工消防安全意识，普及消防安全知识，让所有员工都深刻体会到，消防安全、人人有责，消防与每个人都休戚相关。

一目标：打造核电业界消防管理标杆团队。

2. 不断完善实物保护管理体系

一是不断改进实物保护管理。作为中核集团第一家实物保护实施单位，秦山核电实物保护系统建设、运行和维护工作从零起步。秦一厂、秦二厂、秦三厂、方家山核电机组每个实物保护系统建设项目均高规格地体现出当时法规标准的要求。秦山核电作为老基地虽面临着地理环境受限、设备老化等不利因素，但坚持改进、引进创新、自主提升，确保与法规标准的升级一并前行。

二是不断优化保卫监督管理模式。公司不断优化人防、物防和技防管理标准，构建了包含实物保护合规性、运行与周界屏障管理、出入控制、安保警卫、保卫监督、大修专区保卫和出入授权在内的管理制度体系，适用于各生产单元不同堆型的管理模式，形成了规范的群堆管理模式。

三是不断探索新技术运用。公司探索保卫工作信息化转变和证件办理便民化服务，中核集团内率先推出了综合服务中心，实现了承包商各类证件一站式办理服务；率先实现了证件办理手机客户端的应用，极大地缩减了证件办理审批时间、便捷了申请入厂人员；率先推行了智能化应急清点系统，实现了应急清点由手动登记到智能化电子读取的转变。

（三）努力展现新时代秦山消防保卫工作水平

消防保卫管理工作将以公司“五个一”理念为指引，进一步强化责任、完善基础、提高效率。一是积极运用信息化手段，实现消防安全状态的动态化监测、智能化分析，提升消防系统设施状态，使消防管理更加规范化、智能化；二是加强消防救援队伍建设，由灭火救援为主逐步向日常综合性救援转变，进一步提高综合应急救援能力水平；三是进一步完善实物保护系统，逐步实现系统平台国产化和监控视频信息化和智能化；四是加强安保警卫队伍建设，力争打造一支高素质的专业化队伍，不断提升核安保综合管理水平。

五、保障生命，不断提升职业健康管理与应急能力

秦山核电奉行“以人为本”理念，依法开展职业健康管理，为全体员工和从业人员的健康安全守好入门关；坚持核应急工作方针，构建和实施应急预案体系，不断完善应急准备和响应能力，为核电厂、员工及公众安全守好事前关。

（一）加强职业卫生管理，保障员工健康安全

公司建立了完整、运行良好的职业健康管理体系，于2014年取得职业健康安全管理体系认证，并每年通过管理体系监督性审评。公司存在的主要职业病危害因素为电离辐射，对此开展了具有核电特色的管理措施，包括放射性工作人员个人剂量管理（内、外照射测量）、工作场所放射性危害因素检测和放射性工作人员职业健康监护。

公司逐步建立完善了职业病危害防治规章制度体系，包括职业病危害警示、告知与申报、宣传教育培训、防护用品管理、监测及评价管理、职业卫生“三同时”管理、职业健康监护及其档案管理等52份制度，做到有规可依、有章可循。积极开展职业病危害因素管理，按照工作场所对各类职业病危害因素制定了相应的控制措施，并开展日常监测；每年外委有资质的技术服务机构对工作场所进行职业病危害因素定期检测与评价；每三年进行一次职业病危害现状评价，并根据评价报告，落实改善劳动条件的卫生学措施和健康防护措施。认真做好个人剂量管理工作，按规范开展员工职业健康检查，每年开展上岗前、在岗期间和离岗时的职业健康检查，并根据体检结果，合理安排人员上岗。

30年来，公司职业健康管理体系运作有效，未发生个人剂量超管理目标值、剂量约束值和剂量限值的情况，从未发生职业病危害事故和职业病或疑似职业病病例，真正保障了全体员工和从业人员在生产过程中的身体健康。

（二）加强应急管理，守牢安全底线

秦山核电强化底线意识，不断完善和深化应急管理体制和工作机制，持续提升应急能力建设。

一是建立“统一指挥、分级负责，协同配合、反应迅速”的应急指挥体系。应急响应期间，各核电厂运行支持中心现场指挥部负责事故机组的处理，应急控制中心的应急总指挥负责对外的接口和重大事项的决策，通过统一指挥，分级实施，既保证了事故处理的及时性，又能在处理共因事件时，统筹调配公司的人力和物资。

二是不断磨练，有效维持应急准备和响应能力。公司加强应急人员管理，每年进行至少36次核查，应急人员值守核查平均回复率为99%，应急岗位在岗率为100%。加强应急演练计划与实施，每年组织开展70余次应急专业知识培训和非核应急预案培训，约6700人次参加；年均实施各类演习演练150次，4000人次参加。有序的演习演练锤炼了应急队伍的反应能力和救援能力，促进了应急预案和管理流程的改善，提升了实战水平和协同响应能力。公司持续保持应急文件与设施设备的有效性和可用性，每月开展定期检查/试验，每半年进行监督检查；年均检查试验约500项次，监督检查45项次，应急文件有效率和应急设施设备完好率达到99%。

三是持续改进、优化提升应急资源和管理体系。近年来，公司建立了应急支持系统，形成了机组参数、环境参数、事故后果评价、严重事故、人脸识别就位等一体式决策系统；建立了先进的应急音视频系统，应急控制中心采用了LED-COB大屏及分布式视频会议系统，实现了音视频系统完全融合、贯通；对核电厂运行支持中心OSC1、OSC2进行了全面的改造，优化了房间布局，进行了功能性提升；将参与应急响应的承包商人员纳入了秦山核电应急体系，进行统一的应急值守核查管理、应急培训、演习和应急响应。

公司通过不断完善应急管理体系，加强应急人员培训和队伍建设，

持续投入应急资源，应急准备和响应能力得到了长足的进步，为核电厂安全的应急保障能力打下了扎实的基础。

六、结束语

时光荏苒，使命焕新。30年来，秦山核电始终保持安全运行纪录，确保核安全万无一失，不负国家领导人的重托。而今立足新发展阶段，秦山核电人牢固树立和自觉践行卓越核安全文化，将之融入血液并体现在日常工作生活之中，倡导主动安全、追求卓越，不断创造运行机组良好安全业绩，追求“零事故、零伤害”的卓越安全绩效，矢志不渝推动自身与我国核电事业实现安全高质量发展。

3

以核安全为关注焦点的质量管理

1985年，伴随着秦山一期30万千瓦机组第一罐混凝土的浇筑，世人开始关注它的建造质量，随着1991年输出第一股电流，举国关注它的运行安全，这是因为它是中国大陆第一座核电站。“中国核电从这里起步”和“国之光荣”的题词表达了国家和人民对秦山核电的重托。从那时起，建造好、运行好核电站就是秦山核电的最高使命。安全是核电站的生命线，质量是保证安全的基础。30多年来，秦山核电始终坚持“安全第一、质量第一”的质量方针，践行“质量创造价值、质量成就品牌”的质量理念，聚焦核安全，全面开展质量管理工作。

一、炼成卓越的核电质量文化

文化是灵魂，良好的质量文化是企业健康发展的基础。

（一）质量文化萌芽和培育

秦山核电是中国大陆核电的发源地。在秦山核电建设早期，国家核安全法规尚是空白，公司管理体系尚不健全，质量文化尚未萌芽。刚跨入核电门槛的秦核人经历了一些波折和痛苦，安全文化和质量文化得以播种和萌芽，并历经孕育、培养和发展，逐步沉淀了深厚的文化底蕴。近十多年来，秦山核电进入新发展阶段，秦核人始终践行“责任、安全、创新、协同”的企业核心价值观，深植“质量创造价值、质量成就品牌”的质量理念，炼成了“以核安全为关注焦点”的质量文化。在秦山核电并网发电30周年之际，总结30余年质量管理实践经验，发布了《秦山核电质量文化手册》，进一步引导全员把公司质量文化理念内化于心、外化于行，促进公司管理战略、管理思想和价值导向落地。

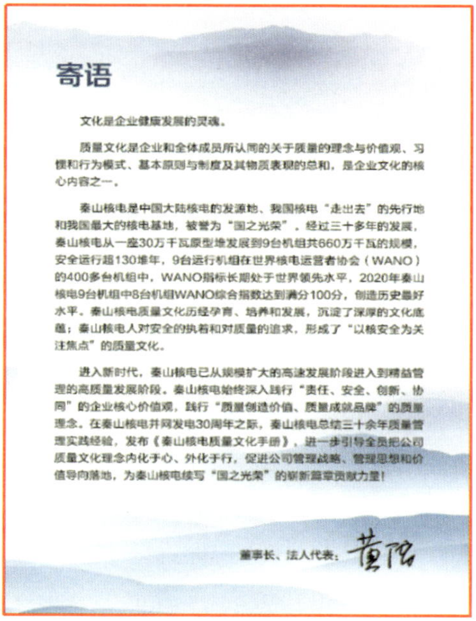

寄语

文化是企业健康发展的灵魂。

质量文化是企业和全体成员所认同的关于质量的理念与价值观、习惯和行为模式、基本原则与制度及其物质表现的总和，是企业文化的核心内容之一。

秦山核电是中国大陆核电的发源地、我国核电“走出去”的先行地和我国最大的核电基地，被誉为“国之光荣”。经过三十多年的发展，秦山核电从一座30万千瓦原型堆发展到9台机组共660万千瓦的规模，安全运行超130堆年，9台运行机组在世界核电运营者协会（WANO）的400多台机组中，WANO指标长期处于世界领先水平，2020年秦山核电9台机组中8台机组WANO综合指数达到满分100分，创造历史最好水平。秦山核电质量文化历经孕育、培养和发展，沉淀了深厚的文化底蕴；秦山核电人对安全的执着和对质量的追求，形成了“以核安全为关注焦点”的质量文化。

进入新时代，秦山核电已从规模扩大的高速发展阶段进入到精益管理的高质量发展阶段。秦山核电始终深入践行“责任、安全、创新、协同”的企业核心价值观，践行“质量创造价值、质量成就品牌”的质量理念。在秦山核电并网发电30周年之际，秦山核电总结三十余年质量管理实践经验，发布《秦山核电质量文化手册》，进一步引导全员把公司质量文化理念内化于心、外化于行，促进公司管理战略、管理思想和价值导向落地，为秦山核电续写“国之光荣”的崭新篇章贡献力量！

董事长、法人代表：

图为《秦山核电质量文化手册》概览

（二）质量文化深植和成果

30多年来，尤其是近几年，秦山核电开展了一系列深植质量文化的活动。2012年，秦山核电首次提出质量红、黄线的理念，制定质量红线5条、黄线10条，并将质量红、黄线纳入违章考核范围，在员工中树立了强烈的质量红线意识。2019年，秦山核电开始编制《质保监督季报暨质量典型案例》和《质量警示录》，持续开展质量问题经验反馈和质量震撼教育，提升员工质量意识。2020年，秦山核电制定并实施了“防控弄虚作假”方案，开展防控弄虚作假教育，完善防控弄虚作假体制机制，实施弄虚作假专项监督活动，践行了对“违章操作”和“弄虚作假”零容忍。

近些年来，秦山核电质量文化正从优秀迈步走向卓越，“以核安全为关注焦点”的秦山核电质量文化已深入人心并开花结果。2015年，秦山核电被中国质量协会评为“全国质量文化建设示范单位”。

二、首创并持续建立完善的核电质量管理体系

在核电厂的质量管理方面，秦山核电经历了从粗放的经验管理阶段逐步到科学的全面质量管理阶段，并向着卓越目标迈进的过程。

（一）质量管理体系初建和成熟

1986年，国家在包括核电质量保证法规在内的核电安全法规领域尚处于空白，当年的“杜拉风波”让秦山核电建设者意识到粗放的经验质量管理方式不能适应高标准的核电质量管理要求，秦山核电人开始建立基于国际原子能机构（IAEA）核电厂质量法规的质量保证体系，制定了中国大陆第一份核电厂质量保证大纲。

1988年，国家核安全监管部门陆续发布核电厂质量保证方面的法规和导则，秦山核电的质量保证体系进入到有法可依和实施阶段。经历多年的实践和经验积累，秦核人提炼出“凡事有章可循、凡事有人负责、凡事有人监督、凡事有据可查”的质保基本原则，并经历秦山二期、秦山三期、方家山核电工程的实践和持续完善，逐步迈向科学的全面质量管理阶段。

（二）质量管理体系发展和创新

2012年，秦山核电生产运行进入到多核电厂合并的新阶段。为了兼顾4个核电厂在企业文化、组织结构、管理体系等方面的不同，秦核人吸收事业部和项目部模式的优点，结合秦山核电反应堆数量多且堆型各样的实际，创造性地在核电公司中采用“专业领域+生产单元”相结合的矩阵式管理模式，确保秦山核电平稳有序过渡到新发展阶段。

2021年，秦山核电管理体系进入到多体系整合的新阶段。经过30多年管理改进，尤其是近十年的持续优化，秦山核电建立了以“运行质量保证大纲”为核心，以质量、环境、职业安全健康管理体系为辅助，以内控管理体系、工业化和信息化融合管理体系、合规管理体系、全面风险管理体系、信息安全管理体系、保密体系等为支撑的全方位的管理体系。随着生态环境部发布《核动力厂管理体系安全规定》，秦山核电逐步稳妥地开展管理体系整合，制定了《秦山核电管理体系总论》，开启多管理体系整合的新尝试。秦山核电管理体系文件结构完整、内容完善，有效支撑了其长期的安全稳定运行，并逐步从优秀迈向卓越。

2021年，秦山核电全面导入卓越绩效模式，必将引领公司管理水平再上一个新台阶。

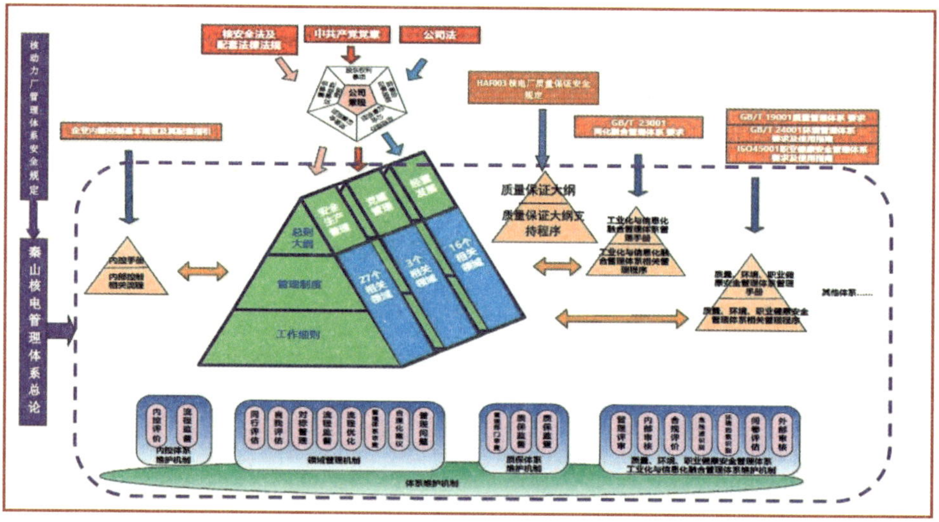

图为秦山核电管理体系框架图

三、群堆模式下的质量监督实践

完善的质量管理体系必须得到有效执行，方能保障秦山核电安全稳定运行；有效的质保监查是确保管理体系有效执行的重要手段。近十几年来，尤其是进入群堆管理模式后，秦山核电在质保监查有效性方面开展了大量卓有成效的探索和实践。

（一）优化质保监督项目，提升与生产联系的紧密度

2012年，秦山核电在监查项目的选择上进行了改进，采取“全面覆盖的质保监查”和“突出重点的专项监督”相结合的方式，确保符合法规中关于质保监查全面性的要求，同时又能集中资源针对公司关注重点或管理弱项开展深入监督，解决公司管理上的难点或痛点问题，提高了监查监督工作的有效性，密切了质保工作与核电厂生产的联系。近3年，秦山核电专项质保监督的数量已占到全部质保监查监督数量的70%以上。

（二）创新质保监督方式，提高体系运行有效性

2014年，秦山核电首创基于质保事实的问题分类、统计、评价、考核一体化的质保管理模式。通过对质保事实进行科学分类和统计，发现公司管理体系的薄弱管理要素或流程，从而更有针对性地开展管理改进；通过分析不同类型质保事实对安全、质量的影响权重，建立科学统一的质保监查和大修质保监督绩效评价模型，开展量化评价和考核，对单位/部门的质保绩效进行纵向和横向的比较，促使各单位/部门重视质量工作并强化自我质量管理，变“要我质量”为“我要质量”，从而提高质量管理水平和绩效。

2019年，针对核电厂现场工作，秦山核电创新性地提出“质量高风险”的特征，将“两新、四变、一难达”（新人员、新项目，工艺变化、工具变化、备件变化、实施窗口变化，作业空间可达性差）的工单任务作为质量高风险工作加以识别，并要求实施方、管理方、监督方针对质量高风险项目采取相应的措施予以重点管控，变“撒网式监督”为“精准式监督”，从而提高质保监督有效性和效率。

图为创新质保监督方式概览

近5年来，在一系列创新性的质保监查监督实践的情况下，秦山核电质保监查发现的问题数量连年较大幅度下降，充分证明了秦山核电质量管理体系有效性得到了持续提高。

四、全流程的采购质保管理

（一）持续完善采购质保管理体系

落实管理，程序先行。为了贯彻执行“凡事有章可循”质保原则，秦山核电不断完善采购质保管理，建立适合自身业务完整的采购质保体系。针对所有采购质保活动编制程序制度，以物项和服务的质量保证分级为基础，对采购项目质量保证大纲、质量计划、合同质保条款等采购文件质保审查活动明确分级管理要求，同时对供应商资格评价、采购不符合项管理等活动进行规范，形成统一成熟体系。针对供应商资格评价实施、项目质保（QA）大纲审查、物项制造QA质量控制点见证、大修承包商质保监督等采购质保活动的具体实施形成管理细则，制定文件审查、QA见证表单、发文函件模板等标准文件，推行采购质保工作标准化。

（二）高效实施供应商资格评价

供应商资格评价活动是采购质量管理体系控制的重要环节之一。为实现公司“五个一”的目标，秦山核电通过对供应商资格评价全流程进行梳理，实现供应商资格评价流程信息化。借助信息化系统实现了评价过程的全电子化流程，工作进度实时反馈、任务分工透明量化、评价过程高效规范，评价工作实现了“一次都不用跑”，同时评价组织工作人力投入减少近50%，有效实现了“提质增效”目标。中国核电各成员单位合格供应商共享，秦山核电年均评价供应商450余家，在中国核电各成员单位评价总量年度占比近三分之一，为成员单位供应商的使用提供支持。同时供应商资格评价工作靠前管理、主动作为，定期向采购部门发送将到期的供应商清单提前预警，便于需求部门提前识别并启动评价工作，及时复评以延续资格有效期，使得长期合作供应商的资格有效期实现无缝衔接。

（三）有效开展采购质保监督监查

供应商提供物项和服务的质量直接影响到核电厂机组的安全稳定运行。秦山核电结合电站重要管理指标、缺陷征兆、已发生质量问题以及重大生产运行活动等，制定质保监查、监督计划，并进行滚动策划和跟踪，将重要物项制造商、日常服务及大修承包商纳入质保监查监督计划，并结合日常巡检以及专项监督加强对供应商提供服务和物项的质量管控。建立以质保事实为基础的数据库，开发数据应用模型及问题原因分级、分类体系，通过统计及分析，真实地展现供应商存在问题涉及HAF003要素及领域，在进行符合性验证的同时，使监督监查更具针对性，准确定位供应商改进方向，从而建立供应商物项制造和服务质量保证屏障。

（四）持续完善供应商黑名单管理

为严肃对违反合同约定、弄虚作假、违规违纪以及其它对核电厂生产管理活动造成重大影响的供应商管控及惩戒，结合中核集团、中国核电等上级规定，秦山核电建立供应商黑名单管理制度并逐步完善管理要求。从简单的黑名单供应商表单管理扩展至供应商名称、统一社会信用代码管控，同时在供应商资格评价环节进行严格把关核查，杜绝黑名单供应商进入秦山核电采购流程。结合中国核电ERP管理系统，秦山核电实现对黑名单供应商的资格冻结及标识，防止黑名单供应商新签采购合同；同时每年开展黑名单供应商的冻结状态及标识核查工作，对黑名单清单中供应商的情况进行逐一核实确认，保证管理到位，杜绝管理漏洞。

五、形式多样的群众性质量活动

（一）开展质量管理小组（QC小组）活动，解决生产质量问题

QC小组活动是群众性质量管理活动的一种有效的组织形式，秦山核电将其作为质量文化向基层落地的重要措施。QC小组活动运用的工作程序就是PDCA管理循环模式，是全面质量管理所应遵循的科学程序。PDCA管理模式强调活动的科学性、逻辑性、有效性，可以使思想方法和工作步骤更加条理化、系统化、图像化和科学化。

2007年秦山核电首次开展QC小组活动，从茫然、磨砺、成长再到现在的遍地开花，公司每年都有100多个QC小组及课题进行注册，QC小组就像无数颗扎根在质量土壤里的种子，发挥“小、实、活、新”的特点，用一股神奇的力量，解决实际工作中的一个个质量难题，同时也培养了一支能熟练运用全面质量管理的理论和方法，科学地解决实际质量问题的骨干队伍。秦山核电QC小组活动一直强调注重实效、保持群众性特色，活跃在生产一线的广大QC小组不遗余力地发挥着特有的“群众性”优势。围绕企业经营目标，找准小组活动课题，在生产和管理领域均取得了一批高质量、高水平的成果。

十年磨一剑，QC小组成果丰硕。截至2021年9月，公司共获得国家优秀奖8项，省部级奖105项，尤其是2019年9月秦山核电在日本东京第

44届国际质量管理小组成果发布竞赛中首获金奖，实现了秦山地区国际金奖“零”的突破。2020年12月在孟加拉达卡第45届国际质量管理小组大会上，秦山核电的QC小组活动成果再次获得了发布赛的最高奖——铂金奖。

目前QC小组活动在公司已经形成了完整的组织网络和工作体系，通过体系化的运转，员工的积极性和创造性得到激发，员工发现问题和解决问题的能力得到提高，公司的整体质量素质也有了很大的提升。

（二）开展“质量月”活动，提升全员质量意识

自1997年国家恢复“质量月”活动以来，秦山核电连续25年开展“质量月”活动，着力把“质量月”搭建成为推动质量工作、展示质量成果、促进提质增效的平台。公司不断创新活动内容，丰富参与方式。近些年来，在完成国家和上级单位规定活动的基础上，秦山核电开展了“质量工作先进集体/个人的评选”“管理程序知识竞赛”“质量承诺签名”“质量管理知识讲座”“提质增效专项工作”“管理大讲堂”等形式多样的活动，达到普及质量知识、强化质量意识、提升质量文化的目的。

经过30多年的努力和积累，秦山核电已建立了完善的质量管理体系并持续有效运作，公司质量文化和员工质量意识已达到较高水平，质量管理水平处在核电行业前列。2021年，秦山核电承担了中核集团核电领域质量管理企业标准的统筹编制任务，将以此为契机，努力提炼和总结质量管理方式方法，积极建立并输出质量管理标准。

新时代、新征程，公司提出“一体两翼”发展战略和“1+1+2+4”发展思路，对质量管理提出更高要求。秦山核电将以卓越绩效模式导入工作为抓手，紧盯战略，对标先进，查找差距，持续改进，从优秀迈向卓越，助力“国之光荣”新篇章。

4

卓越运行三十年

秦山核电运行领域包括5个运行处、一个燃料操作处、一个生产计划处等7个处室，主要负责机组运行状态控制、秦山三厂燃料操作，以及公司发电规划和发电计划等工作。运行领域具有本科及以上学历占比89%，持有核安全局颁发的反应堆操纵员、高级操纵员执照占比33%，高级职称占比24%，有一支素质优良、经验丰富、能力过硬的运行人才队伍。各运行处运行值采用六班三倒的方式进行值班，他们无论春夏秋冬、无论节假日，始终都是24小时不间断地倒班，确保核电站的安全稳定运行。

一、光辉历程

（一）中国核电从这里起步

1985年3月20日，秦山核电站浇灌第一罐混凝土，中国大陆第一座核电站——秦山核电站开工建设。历经81个月的艰苦奋斗，1991年12月15日0时15分，华东电网总调度发出许可秦山1号机组发电的指令，随即，主控值长、高级操纵员王日清举起话筒大声说："我是当班值长，我宣布秦山核电站即将并网，请各位坚守岗位，忠于职守，确保核电机组顺利并网。"随即他下达了并网指令。操纵员张初明果断按下启动按钮，刹那间一股强大电流并入华东电网，并网发电获得成功，中国大陆第一座核电站从秦山起步。

秦山核电站的建成投产实现了中国大陆核电“零”的突破，是我国和平利用核能的光辉典范，也使中国成为世界上第七个能够自行设计、建造核电站的国家。

（二）自主创新敢为人先

2002年2月6日，秦山二期1号机组装机容量65万千瓦并网发电；2004年3月11日，2号机组并网发电。至此，我国自主设计、自主建造、自主管理、自主运营的首座商用核电站2台65万千瓦机组成功落地，其被业界视为“我国核电国产化进程中的一个重要里程碑”，标志着我国核电实现了三大历史性的跨越。

秦山二期工程根据“以我为主”“调试安装工程负接口”的方针进行机组调试，在无外国专家的现场指导下，由核电厂完全依靠自己的力量完成了电站的调试，这在当时在建的核电站调试中属独创。通过自主创新，秦山核电基地除了在核电建设和运营上屡创佳绩，也为整个中国核电产业的持续发展提供了全产业链式的验证能力和支持平台。其中，中国自主研制的先进核燃料元件（CF3）入堆考验就是在秦山二期完成的。

秦山三期重水堆项目提前112天建成投产，实现了钴-60的国产化，打破了国外垄断，填补了多项国内技术空白。此外，秦山三期重水堆核电站2台额定功率为728兆瓦的机组，但加拿大交付时只有720兆瓦，为此，日立公司按合同规定向中方赔款。2006年初，为了提升这8兆瓦，秦山三期针对机组额定总电功率问题成立了重点科技攻关专项组。通过对电站热力系统各参数的研究分析和试验，在202大修中对2号机组进行了改进，包括优化汽水再热分离器二级再热蒸汽流量、回热加热器排空气管线增加调节阀、主蒸汽湿度测量及参数修订、改造疏水管线、汽轮机低压缸隔板中分面和装配面漏气处理，使机组额定总电功率提高了8兆瓦。外方花了3年的时间都没能做到，最后秦山三期仅仅花费一年时间，就成功地实现了这一目标。2台机组，增加16兆瓦，每年就可多发电1.2亿千瓦时。

在30年的自主创新之路上，秦山核电基地开创了“以企业为核心和主导，联合多方力量合力而为的产学研创新发展模式”，其蕴含的效应也日益彰显。有秦山在，相信“中国核工业的饭碗端在自己手上”的底气将越来越足。

（三）百万跨越再创辉煌

秦山核电一期工程扩建项目——方家山核电工程1号机组于2014年11月4日成功并网发电，秦山核电基地第8台机组自此诞生。这标志着中国核电实现了从30万千瓦到100万千瓦自主发展的历史跨越。

2015年2月12日凌晨1时20分，秦山核电厂扩建项目——方家山核电工程2号机组顺利通过100小时连续满功率运行考验，具备投入商运条件。这是我国大陆投入商业运行的第23台机组。至此，秦山核电基地9台机组全部建成投产，成为我国核电机组数量最多、堆型最丰富、装机容量最大的核电基地。

2015年12月，方家山核电2号机组与华东电网解列，至此，方家山2台百万千瓦级核电机组首循环都实现安全、连续、稳定运行，无非计划停机停堆。其中，1号机组连续运行305天，2号机组连续运行301天。完美的首循环，漂亮的答卷。

二、安全运行

（一）安全运行，坚持安全第一理念

“安全第一、保守决策”是运行工作奉行的第一原则，安全始终被放在至高无上的位置。秦山核电坚持从实际出发，始终坚持安全发电的硬道理，严格落实安全生产责任制，建立起一套先进的核安全理念体系、科学严密的组织体系和制度程序，注重培育卓越的核安全文化，用锲而

不舍、追求卓越的行动书写着安全运行的箴言，创造了优秀的生产运行业绩。

近年来，秦山核电在多机组、多堆型的管理模式下，建立健全联动机制，发挥群堆管理优势，不断提升安全运行管理水平。

公司成立安全生产委员会，指导、协调和总体控制安全生产工作，全面负责落实安全生产责任制。成立生产决策领导小组，负责秦山所有机组重大影响生产事项的决策，包括即时决策、运行决策、生产决策。

推行管理人员现场巡视、观察指导等举措规范人员行为、减少人因失误、提升人员绩效。

1985年3月20日浇筑第一罐混凝土

在公司生产运行管理系统的页面上，还设置了无人因失误时钟，一旦发生很微小的人因失误，时钟上的数字马上清零，以此警示安全生产容不得丝毫懈怠。

创建运行支持平台、缺陷处理红绿灯控制等一些良好经验纷纷亮相并逐步推广。

加强运行事件的经验反馈，不断梳理和完善标准操作流程。通过横向建立“管生产必管安全”的绩效挂钩制度和纵向主动深入各参建单位进行协同监管，实现各方全员一体化的安全监管模式。持续开展核安全文化评估，在国内率先建立防人因失误实验室并持续开展全员培训活动。

（二）精益管理，建立群堆标准体系

从1985年秦山核电基地30万千瓦核电机组开工建设以来，30年间，在秦山这片沃土上共建成2种堆型、4种机型的核电机组，其中包括7台压水堆机组、2台重水堆机组。30年间，秦山核电积累的群堆管理经验可谓独一无二。

运行领域通过梳理，吸取各分厂管理制度的精华，整合、优化形成了运行领域标准化的管理制度体系，包括运行组织管理、运行值班管理、运行操作管理、机组状态控制、运行技术管理、运行设施管理、其他要素管理等7大类、共28份共性管理程序。

运行领域通过5年的滚动自我评估基本覆盖各方面工作，如运行值交接班自我评估、运行操作自我评估等15个子类。通过自我评估不断发现管理弱项和改进机会，促进各项生产活动的规范化、标准化，持续提升运行业绩；通过对标交流管理经验、工作方法，拓宽思路，了解自身短板，向先进看齐；通过技能比武激励广大运行员工刻苦钻研技术，立足岗位成才，提高运行岗位员工的安全意识、责任意识和主人翁意识，弘扬运行人员的“工匠精神”，推动高技能人才队伍建设。在2021年全国行业职业技能竞赛——全国核能系统核反应堆运行值班员职业技能竞赛中，秦山核

电参赛选手运行三处的王兆钢荣获个人二等奖，运行二处的丁言锋和邵闯荣获个人三等奖，邵闯与海南核电的冯献灵合作荣获团体季军，展现了公司运行人才的技能水平和精神的风貌。

借助领域管理模式，秦山9台机组的运行管理实现了资源优化和整合。秦山核电通过深化改革、资源整合、结构调整，建立起来的领域化群堆管理模式优势逐渐显现。

（三）掌握技术，提升运行核心能力

秦山一期30万千瓦机组国内首个核电运行许可证延续项目（OLE）相关的改造工作横跨118、119、120三次大修。这一改造相当于核电站的一次“换脑手术”，是国内首次实践，其改造难度不亚于新建一座核电站。通过OLE工程改造，解决了机组PSR弱项，同时在系列热态功能测试中解决了机组改造前主泵二次侧给水主/旁阀自动切换功能、发电机自动并网功能、甩负荷等问题。其中4次甩负荷试验（两次100%功率、两次50%功率）全部一次成功。OLE工程改造后的机组更加安全、更加高效、标准更高，秦山一期30万千瓦机组“重新焕发青春”。改造调试后机组功率提升到350兆瓦，主控室焕然一新。

把关键核心技术掌握在自己手里，不仅保证机组安全稳定运行，而且也实现了“掌握技术”的历史使命。

（四）建立体系，培养输送运行人才

秦山核电经过多年积累和发展，已经建立和拥有比较成熟统一的核电站运行人员培训体系，积累了丰富的运行人员培养经验。自2016年起，历时3年，秦山核电初步建立了多堆型运行人员标准化的培训体系。

运行人员职业生涯培训规划包括自运行新员工入职至巡检员、值班员、操纵员、高级操纵员、隔离经理、副值长、值长等主要阶段，统一按照电站系统名称设置培训科目，将科目划分为初级课堂/岗位、高级课堂/岗位4大类，涵盖课堂理论培训与岗位技能培训，形成了标准化的电站系

1991年12月15日0时15分，秦山核电30万千瓦核电机组并网发电，实现中国大陆核电“零”的突破，1994年4月1日投入商业运行。

统培训课程体系。运行5个处统一按照此培训途径开展运行人员培养，并按此进行岗位授权。

运行领域培训教材采用标准模板，运行各处组织专家完成新版教材的开发，共开发了巡检教材20份、核电站系统培训教材1276份、持照人员在岗培训25份。

多堆型运行人员标准化培训体系的建设，有效提升了秦山核电运行人员培训的专业化和标准化，为核电专业培训提质增效提供了体系保障。

历年来秦山核电基地共培养各核电机组主控操纵人员1100余人，其中包括基地外主控操纵人员200余人。陆续向外输出核电站操纵人员200余人，在保证内部操纵员人才培养之外，还为巴基斯坦恰希玛核电站、石岛湾核电、福清核电、辽宁核电等核电公司培养操纵员、高级操纵员。

与此同时，每年会开展各式各样的评选活动，为优秀人才搭建展示的平台，其中涌现出来的佼佼者将会得到更多发展机遇，这也是秦山核电基地多年保持人才培养和人才输送的重要原因。

（五）数字赋能，打造智慧核电站标杆

方家山核电主控室采用全数字化主控室。相对于传统核电站，数字化核电站在自动化水平提升、人力成本减少与控制优化等方面，有显著的优势，操纵员在数字化平台上对核电站控制与操纵方式发生改变，即操纵员监视行为变化，由传统对模拟仪表的监控变成对显示器的监视，信息显示更为集中，操纵员在工作站就能完成操纵任务。

数字化主控室主要设备设施因采用了大量自动化集中控制技术，基于数据库的信息化管理与计算机工作站软控制，加之大量传感设备、信息管理设备与系统服务器都安排到主控室后台，使得主控室设备设施占用空间大幅缩减，结构布局非常简洁有序。

由于信息基于数字化技术显示，因此系统显示信息量巨大，且信息显示直观形象，对主控室操纵员判断故障点、分析故障原因有很大帮助，使得操纵员能够快速定位故障设备。

方家山核电主控室还配备了一套数字化的辅助操作系统，使得在核电站计算机信息与控制系统KIC出现故障无法操作的情况下，除使用模拟的后备盘操作外，还能继续对核电站各系统设备运行状态、参数进行监视，极大地保障了核电站安全可靠运行。

秦山核电在做好机组稳定发电的同时，全力打造智慧核电站标杆，赋能经营与管理、生产与运维，以更昂扬的姿态开拓市场空间，为核电领域的智慧发展贡献力量。

（六）追求卓越，WANO业绩世界一流

秦山核电卓越运行，与中国核电卓越文化体系一脉相承，在中国核电卓越文化的涵养中不断吸收阳光雨露，在卓越文化中孜孜以求运行业绩，在运行工作中时时践行卓越精神。

近年来，秦山核电安全运行业绩良好，秦山核电多台机组已成为行业内的“明星机组”。其中，秦二厂4号机组，方家山1、2号机组运行业

绩突出，自2018年起连续3年WANO综合指数保持满分。2020年秦山核电9台机组中8台机组综合指数达到满分100分。这充分说明了秦山核电机组设备可靠性良好、人员知识技能完备、安全管控措施到位。

卓越运行，致力于弘扬“做一名有高度责任心的核电工作者”的核安全文化价值理念，努力缔造“高度负责、高超技艺、求真务实、求知笃行”的运行人才，创造“世界一流的运行业绩、追求卓越的运行团队”。

5

自主创新 敢为人先 引领卓越维修

秦山核电维修团队启航于钱塘江畔，筑梦于东海之滨，承载着“中国核电从这里起步”的光荣使命，肩负着“国之光荣”的时代责任。自1985年6月28日成立检修部开始，经过30多年的积累、沉淀和发展，历经调试、日常维修和大修的历练，从起步到突破，成功完成和创造了第一次换料大修、第一个走出国门开展检修服务、关键设备和技术首次国产化开发和应用等多项国际、国内首次和第一的纪录。

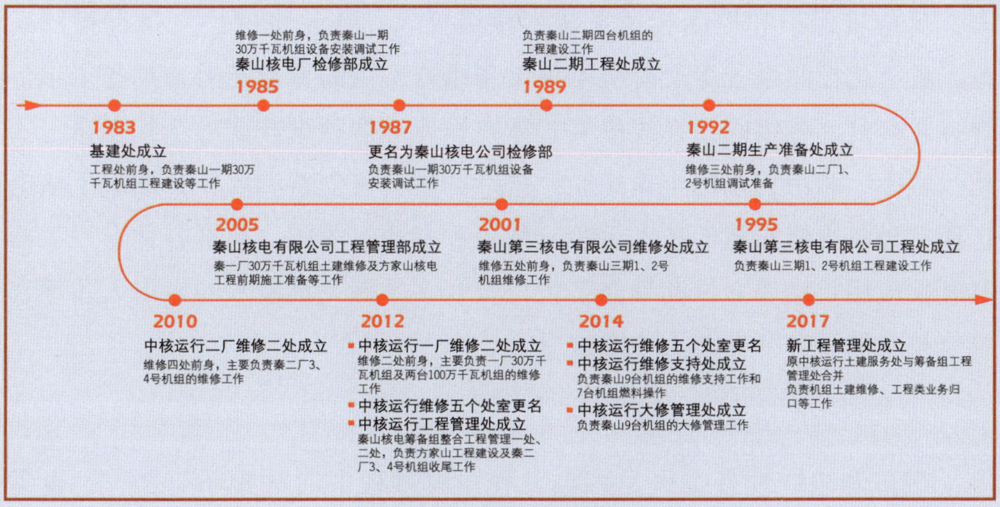

图为秦山核电维修发展历程

秦山核电维修部门主要承担了秦山9台机组的日常运维、大修准备和实施、装换料、维修支持、土建维修及新建工程子项等工作，并发挥专业技术优势，积极开展大修、调试、培训、专业化检修等对外服务工作，共有8个处室，927名员工，平均年龄36岁，培养了全国技术能手6人，省部级技术能手14人，集团级首席技师3人，公司级首席技师3人，学科带头人4人，科技带头人2人，对外输送人才800余人，走出了30余名核电高级管理人才。

一、立足自主，敢为人先，持续打造维修核心能力

秦山核电始终坚持走自主化发展道路，始终坚持关键设备自主维修，形成了生产调试、燃料操作以及涵盖核电厂堆本体、反应堆冷却剂泵（KSB主泵、西屋M100D型主泵等）、上充泵、环吊、装卸料机、堆芯指套管、主蒸汽安全阀/隔离阀，稳压器安全阀、大气释放阀、汽轮机、主给水泵、安全厂用水泵、棒电源机组、停堆断路器、各类蓄电池、继电保护、6千伏中高压设备、直流系统、中低压配电系统、主辅变、堆芯仪表、反应堆保护和控制相关系统、核级仪表、汽轮机保护、过程控制系统、数字化控制系统等所有机电仪设备维修所需的专业能力，具备了水下焊接及修复、核级阀门在线修复、冰塞作业等特种维修能力。并在自主实施过程中，利用积累的丰富经验，持续开展科研创新和攻关，形成了核电厂所有设备维修所需的技术手段、装备和专业人才库，包括各种专用工器具开发应用、维修文件和维修工艺以及众多掌握关键技术的专家人才等，维修技术储备和开发能力不断提升。

（一）生产准备及调试

调试和生产准备工作是核电工程建设过程中的重要环节之一，也是工程项目管理的重要组成部分。秦山核电生产准备及调试从零工作经验起步，自1989年成立联合调试队开始，通过采用“自主调试、自主运营”

及“调试生产一体化”的管理模式，充分利用现有资源，统筹考虑运行机组和新建机组人力、物力资源需求，先后自主完成了秦山9台机组及巴基斯坦4台机组的生产准备和调试工作，打造出了一支实力雄厚、经验丰富、能驾驭多堆型生产运行和管理的专业技术和管理人才队伍，同时形成了高效、科学、规范的生产准备、调试制度体系，积累了在多种工程建设模式下开展生产准备工作的成功经验。

秦山核电同时拥有机电仪通用和专业技能培训设施、防人因培训设施、装换料培训设施、热工闭环控制和检修场景模拟系统等，能够对调试人才进行全方位的技能培训，并在长期的调试生产实践中总结出了一套从调试准备到调试执行，再到调试结果总结等一套完整的文件体系，具备了调试准备、调试执行、调试管理的综合能力，深厚的历史积淀是秦山核电机组安全稳定运行和秦山未来发展的重要财富。

（二）重要核级设备维修

1. 燃料操作及维修

燃料操作队伍于1985年组建，编制了《压水堆核电厂燃料操作技术要求》企业标准，建立了中国大陆第一座核电站1:1的装卸料机实体培训设施，拥有三维仿真环境下的首台国产化百万千瓦级机组的实体操作等培训设施，具备了压水堆核燃料组件全覆盖的操作维修能力。截至2021年，共完成秦山核电所有机组的80余次堆芯装换料作业、乏燃料组件的厂内转运，以及巴基斯坦和国内核电机组多次对外服务工作，成功攻克了燃料组件水下修复、控制棒卡涩等关键技术难题，制定了堆芯局部卸料情况下的燃料组件及控制棒组件检查方案、在高放射性故障控制棒组件及单棒拆除检验后的可重复提取的储存方案，已具备从方案编制、工装设计到现场实施等燃料操作一站式解决问题的处理能力。

2. 堆芯指套管检修

堆芯指套管是堆芯测量系统的重要组成部分，此前该进口设备的相

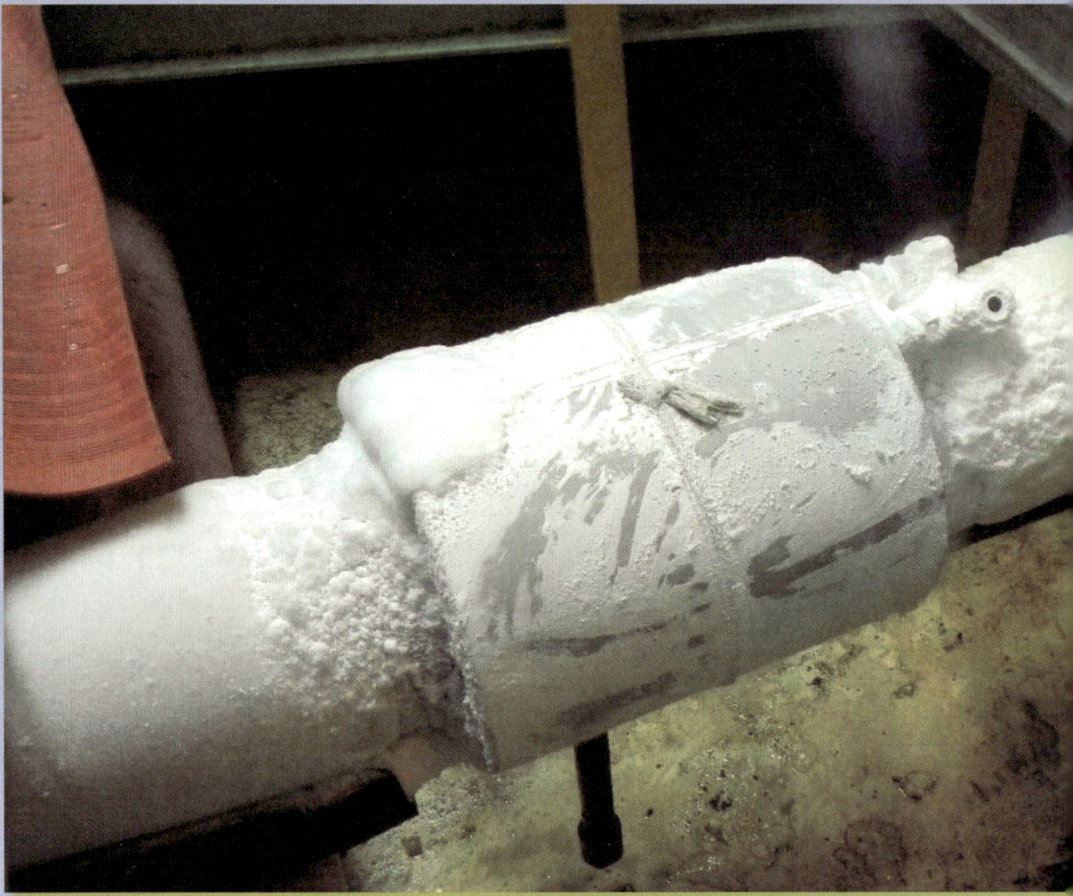

2002年9月，“冰塞”的系列试验终于完成，并成功运用到检修中

核电企业首个中华技能大奖获得者何少华

关维修项目由国外厂家实施，费用昂贵且响应缓慢，秦山核电维修人员通过技术攻关，攻克了冰塞隔离、指套管切割、旧件拆除、新件安装、指套管回焊等技术难题，采用“切割—焊接手柄”法更换密封组件，实现了国内首次指套管密封组件更换的自主检修，成功消除了进口设备检修难的困境。泄漏指套管密封组件自主更换至今已运行超6年时间，未出现泄漏报警或其它异常。同时将单套密封组件更换成本大幅降低，工作响应从超6个月缩短至2周以内，降低了设备维护成本，并多次为兄弟核电站提供技术支持。

3. 主泵检修

主泵是反应堆冷却剂系统中唯一的转动设备，作为国外进口设备，其结构复杂，检修工艺及质量要求高，需要大量的专用工具。受技术条件的限制，核心检修工作均需外商提供技术支持，花费高昂。尤其是主泵转子离线动平衡技术只掌握在国外少数主冷却剂泵生产商手中，单次运输及维修成本高昂。通过不断探索、消化、吸收、改进，细化梳理主泵检修的核心工艺，对工具、备件、材料进行梳理，审查完善维修规程，编制故障排查指南及经验反馈等技术文件，最终形成详细的维修指导书。目前秦山核电已成功实施100余次主泵密封更换、4次主泵水力部件及电机整体更换、8次主泵水力部件全面解体、18次主泵电机全面解体，具备了主泵密封更换、主泵水力部件及电机更换、主泵水力部件及电机解体检修、转子动平衡等工作的完全自主检修核心能力。其中，主泵转子离线动平衡技术填补了国内技术空白。

4. 堆本体维修

为集中发挥人才优势，秦山核电成立堆本体科专门负责秦山7台机组的堆本体维修工作，完成了秦山压水堆机组堆本体专业团队融合建设，培养了各个层级、领域的专家人才，能够胜任各种堆型的技术支持工作及各类问题的分析及方案编制能力，实现了秦山核电群堆模式下的堆本体专业维修，同时开展了维修标准建设，制定了《压水堆核电厂堆本体预防性维修技术要求》企业标准（Q/CNNC JE37-2018）。

经过持续的传承和提升，堆本体专业已具备了全面的堆本体安装调试、燃料操作和贮存系统安装调试、单体拉伸机完全自主维修、整体拉伸机常规自主维修等能力，并通过研制新工艺新工具持续推进维修能力优化，完成了压力容器螺栓孔清洗检测机器人、反应堆热电偶机械密封安装辅助工具、便携式充气密封水闸门围堰装置、控制棒驱动杆脱联扣结果检查工具、便携式三坐标螺纹加工机设备等研制工作。

5. 分布式控制系统（DCS）设备维修

作为国内首批数字化核电站，分布式控制系统（DCS）运维团队不断开拓创新，逐步提升数字化控制系统可靠性。为有效解决电站计算机信息和控制系统失效后退防时间限制、BUP盘台规模限制及操控不便等问题，创造性地提出在主控室各增加一套数字化运行辅助监控系统，为操纵员增加一套后备的全数字化监控手段。经过5年的分步骤稳步实施，最终得到国家核安全局的认可，通过国防科技成果鉴定。为提高控制器的长期工作可靠性，组织编制了光电耦合器的标准维修工艺、控制器维修后功能测试程序等文件，自主实施完成了550块控制器的卡件修复工作。

核级DCS软件修改的验证与确认是核级DCS的一项核心技术，长期被国外供货商掌握和垄断，修改费用高昂。基于核电站核级DCS软件自主化修改V&V标准管理流程，依托自主研发的核级DCS最小化验证平台和前期深度介入的人才储备，首次自主实施了核级DCS软件修改，及时消除了机组的非停隐患，大幅节约成本。

（三）主要特种维修技术

1. 水下焊接及修复

核电站反应堆一回路的主要设备带有高强度放射性，秦山核电开发和掌握了恶劣环境下检修与表面处理的特殊技术，主要包括水下加工、水下测量定位、水下激光焊接、水下表面处理等工艺技术。建立了一整套环境模拟舱，模拟舱具备足够的结构强度，耐硼酸腐蚀，且留有多个观察孔，具有完整的水、电、气接口及良好的通风、照明环境，可完全模拟现场作业真实操作环境。通过模拟演练，形成了水下复杂工件部分去除、水下小管径贯穿件的焊缝加强及水下工件弧面上的激光焊接等成套技术，具备了完成特定工况下典型反应堆及相关构件的故障修复能力，如反应堆吊篮辐板螺栓修复、压力容器接管安全端裂纹修复及反应堆压力容器底部中子通量管套管与容器底封头的异种金属焊缝强化等。

2. 核级阀门在线修复

核级阀门密封面在线修复技术是一项专门针对恶劣环境下的核级阀门密封面不可逆损伤的在线维修技术。该项技术包括核精确测绘、热处理、在线远程加工、远程自动焊接等四大关键技术，已形成一套较为完整的核级阀门密封面在线修复工艺，具备开展直径50~400 mm的平面式阀芯密封面修复以及直径200~400 mm的阀座密封面在线远程遥控修复的技术能力。秦山核电于2018年在国内率先完成核一级闸阀的阀门密封面在线修复应用，并取得了良好的运行业绩。该技术填补了国内核级阀门密封面在线修复技术的空白，达到了国内领先、国际先进水平，摆脱了对核级阀门整机备件的依赖。

3. 冰塞作业

秦山核电为国内冰塞隔离技术先驱者，拥有20多年冰塞辅助隔离业绩及丰富的实战经验，已形成并发布国际ISO标准《核电站管道冰塞冷冻技术ISO23467:2020》。该项目是中核集团首批ISOTC85三项国际标准之一，也是中国核电首个发布的国际标准。通过该项目，我国在超低温工况下核电材料脆性研究、不同材料界面相容性研究以及低温材料微观组织变化研究取得丰硕成果，是我国核电技术标准化、全球化工作的重大突破。

秦山核电建立了完整的冰塞隔离操作培训体系，配备齐全的培训教具及教案，目前冰塞项目团队成员30人，其中高级职称10人，拥有丰富的现场冰塞隔离经验和强大的技术能力，具备冰塞现场风险评估和方案制定的能力，不仅保障了秦山核电安全、稳定、可靠运行，同时开展了多次紧急对外支援。

（四）维修能力持续提升

为发挥群堆管理优势，不断提升维修的整体合力，从软实力和硬实力两个方面着手，以文件和人员能力为出发点，建设形成10支专业化跨专业维修团队，形成了完备的检修专用工具库、文件清单、备件数据库清单，编写专项管理规范、专项实施方案、设备维修指导书70余份，形成统一标准的维修文件300余份。

立足核电发展前沿阵地，积极推动科研项目开发，自2012年起共计开展科研项目182项，其中特大科研项目4项，重大科研项目55项。同时积极推进工作室建设，建立公司软实力建设平台和维修技术创新平台，维修领域目前拥有公司级以上工作室13个，其中国家级工作室1个，省部级工作室1个。

何少华工作室作为全国大师工作室，成立于2014年，工作室以秦山9台机组为依托，重点开展核电站反应堆相关重难点前沿维修技术的开发与应用及核电厂特种维修的高技能人才队伍培养。工作室总占地面积约1200平方米，由两个研发厂房和一个展厅组成，具有水下激光焊接区、核级阀门在线修复研发区、三维激光测量区等模拟现场试验的区域。目前，国家级技能大师工作室正在开展“龙腾2020”科技创新计划的“高辐射环境下特种维修技术”课题开发，已经具备多项国际先进、国内领先的特殊维修技术能力及技术装备。

二、夯实基础，勇于创新，持续提升管理水平

（一）维修组织管理

为保证维修工作安全、高效、保质完成，秦山核电持续探索和加强

核电维修体系和标准化建设，形成了1份管理大纲、19份管理制度、57份管理细则的管理体系，编制核电维修标准导则22份；不断优化专业分工，成立堆本体科负责秦山7台压水堆的堆本体维修工作，成立大修规划科负责秦山9台机组的大修规划，统一将500千伏联合开关站、通信、涉网的设备维修和设备管理由一个部门负责。

1. 资格授权管理

维修人员资格授权管理是保证维修安全质量的首要条件，通过全面梳理维修人员的工作授权现状和需求，重新评估细化各项资格要素，与工单级别、授权角色等多维度管控要素关联，建立标准化授权及评价监督体系，从而形成了“一个核心，三个支撑”的授权模型，即以“工作授权—工作权限”关系为核心，以统一的培训授权体系、技能考评体系和评价监督体系为支撑，实现了从人员—资格—工作权限—工单准备和实施全匹配的标准管控模式。

2. 承包商管理

承包商的技能水平、人员行为与机组安全稳定运行息息相关，为了持续提升承包商的管理水平，从结果管理向流程控制管理转变，明确9台机组管理流程，建立以项目主管部门为核心、以安全部门为督导、其他单位为基础的联动管理机制。根据各自不同的特点分别建立有针对性的管理体系，将承包商在秦山核电所有活动均纳入管控范围内。建立承包商人员考评体系，考评细化至不同专业，采用实际操作的方式对承包商人员进行技能鉴定，按照不同的技能水平分别授权；人员行为考评采用笔试的方式，内容涉及现场安全、质量等相关问题；人员绩效管理按照绩效积分制统计人员积分情况，按照积分的高低进行考核；人员结构数据分析，按照承包商人员总数、工作持有数量、工作时长等方面进行数据分析。

3. 维修绩效管理

以提高维修安全管理水平和维修质量为中心，从安全、质量、维修、综合管理四个方面制定具有维修特色的绩效指标体系，每个子指标设定指标区间上下限和权重，分绿区、黄区和红区三档，每月对各项指标进行统计及通报，形成考核机制。并将绩效考核融入日常管理系统绩效管理模块中，实现了绩效考核信息化，在提升工作效率的同时，指标结果可量化及横向处室间进行对比，实时体现差距及不足。

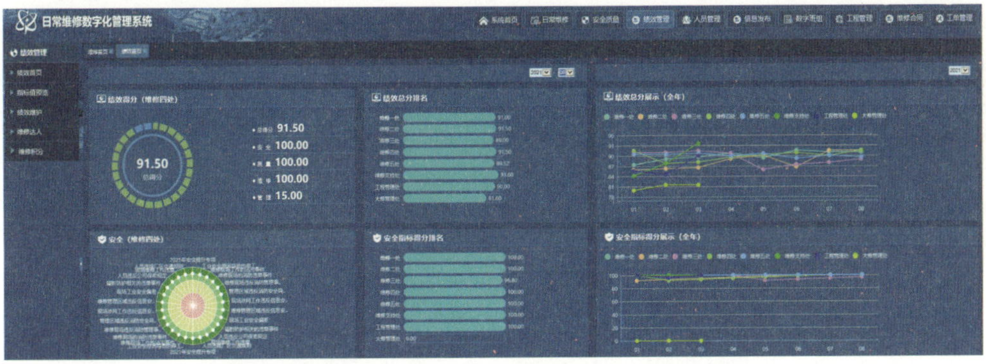

图为秦山核电日常维修数字化管理系统绩效管理模块

（二）维修准备及实施

1. 维修工作分级

根据维修活动对电站核安全、工业安全、辐射安全、可靠性及发电的影响可接受程度，以综合风险为核心，将维修工作划分为简单维修（M4）、一般维修（M3）、重要维修（M2）和关键维修（M4）四个等级，具体指导维修工作准备的详尽程度和风险控制要求。统一维修工单分级标准、工单准备标准、工单实施标准以及人员授权分级标准，实现了风险识别、工单分级、人员授权管控的一体化标准体系，为维修领域标准化管理奠定了标准化基础。

2. 维修文件

工作包是维修工作执行的基本依据，每年约有12万余项工作包的准备、执行、总结。通过建立标准工作包制度，对工作包准备的各要素以及工作包的寿期流程进行规范化和标准化，对维修实施过程的风险控制和质量保证等起到了很好的支撑作用。并将执行过程的经验反馈进行固化，进一步提升检修工作执行效率，减轻一线工作人员工作包准备的负担，目前已形成可重复调用的标准工作包超20万。维修规程作为工作包的重要组成部分，通过建立维修规程编制、应用、反馈、修订的标准化闭环管控体系，助推秦山核电维修规程的高质量和标准化。目前秦山核电共编制各类维修规程超2.2万份，实现了关键敏感设备专用维修规程全覆盖，因维修原因导致的重要检修质量事件持续下降。

3. 安全质量管理

安全是底线，质量是根本。结合维修工作特点，从维修工作分级、工作负责人资格到监督人员的资格及监督关注重点进行了立体化多维度的规范，形成专项提升方案40余份。通过对历史数据的分析，识别发生较多的安全质量问题类型，分析重点问题表现TOP10，每月进行统计跟踪，通过宣贯、自查自纠、内部互查、交流对标、定期总结回顾等方式开展专项提升。

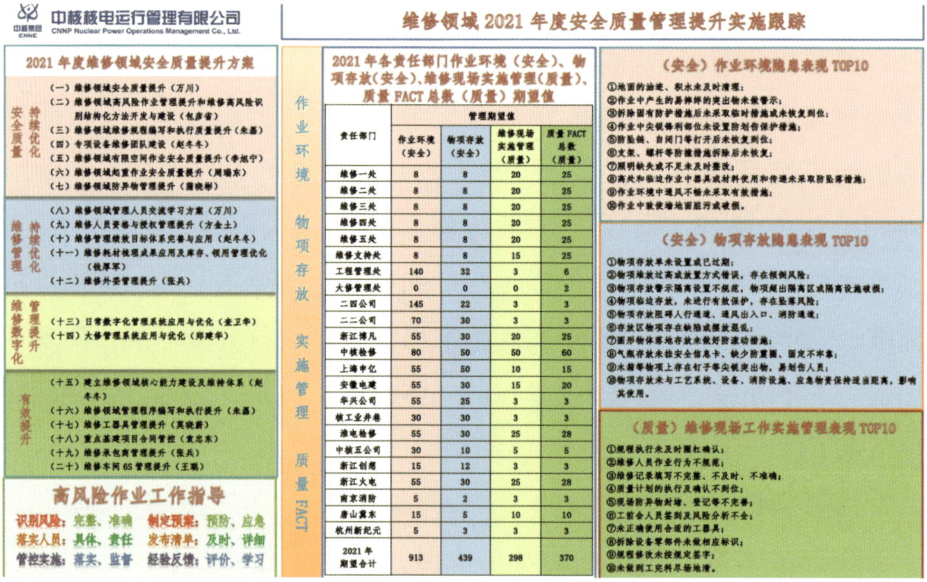

中核核电运行管理有限公司
CNNP Nuclear Power Operations Management Co., Ltd.

维修领域2021年度安全质量管理提升实施跟踪

2021年度维修领域安全质量提升方案

安全质量 持续优化
（一）维修领域安全质量提升（万川）
（二）维修领域高风险作业管理提升和维修高风险识别结构化方法开发与建设（包彦省）
（三）维修领域维修规程编写和执行质量提升（朱磊）
（四）专项设备维修团队建设（赵冬冬）
（五）维修领域有限空间作业安全质量提升（李旭宁）
（六）维修领域起重作业安全质量提升（周瑞东）
（七）维修领域防异物管理提升（詹晓彬）

维修管理 持续优化
（八）维修领域管理人员交流学习方案（万川）
（九）维修人员资格与授权管理提升（方金土）
（十）维修管理绩效目标体系完善与应用（赵冬冬）
（十一）维修耗材梳理成果应用及库存、领用管理优化（钱厚军）
（十二）维修外委管理提升（张兵）

维修数字化 管理提升
（十三）日常数字化管理系统应用与优化（查卫华）
（十四）大修管理系统应用与优化（郑建华）

有效提升
（十五）建立维修领域核心能力建设及维持体系（赵冬冬）
（十六）维修领域管理程序编写和执行提升（朱磊）
（十七）维修工器具管理提升（莫晓蔚）
（十八）重点基建项目合同管控（袁志东）
（十九）维修承包商管理提升（张兵）
（二十）维修车间6S管理提升（王聪）

高风险作业工作指导
识别风险：完整、准确　制定预案：预防、应急
落实人员：具体、责任　发布清单：及时、详细
管控实施：落实、监督　经验反馈：评价、学习

作业环境　物项存放　实施管理　质量FACT

2021年各责任部门作业环境（安全）、物项存放（安全）、维修现场实施管理（质量）、质量FACT总数（质量）期望值

责任部门	管理期望值			
	作业环境（安全）	物项存放（安全）	维修现场实施管理（质量）	质量FACT总数（质量）
维修一处	8	8	20	25
维修二处	8	8	20	25
维修三处	8	8	20	25
维修四处	8	8	20	25
维修五处	8	8	20	25
维修支持处	8	8	15	25
工程管理处	140	32	3	6
大修管理处	0	0	0	2
二四公司	145	22	3	3
二二公司	70	30	3	3
浙江博凡	55	30	20	25
中核检修	80	50	50	60
上海中亿	55	50	10	15
安徽电建	55	30	15	20
华兴公司	55	25	3	3
核工业井巷	30	30	3	3
淮电检修	55	30	25	28
中核五公司	30	10	5	5
浙江创想	15	12	3	3
浙江火电	55	30	25	28
南京消防	5	2	3	3
唐山冀东	15	5	10	10
杭州新纪元	5	3	3	3
2021年期望合计	913	439	298	370

（安全）作业环境隐患表现TOP10
①地面的油迹、积水未及时清理；
②作业中产生的易摔绊的突出物未做警示；
③拆除固有防护措施后未采取临时措施或未恢复到位；
④作业中尖锐锋利部位未设置防划伤保护措施；
⑤防坠链、自闭门等打开后未恢复到位；
⑥支架、螺杆等防撞措施拆除后未恢复；
⑦照明缺失或不足未及时整改；
⑧高处和临边作业中器具或材料使用和传递未采取防坠落措施；
⑨作业环境中通风不畅未采取有效措施；
⑩作业中致使墙地面脏污或破损。

（安全）物项存放隐患表现TOP10
①物项存放单未设置或已过期；
②物项堆放过高或放置方式错误，存在倾倒风险；
③物项存放警示隔离设置不规范，物项超出隔离区或隔离设施破损；
④物项临边存放，未进行有效保护，存在坠落风险；
⑤物项存放阻碍人行通道、通风出入口、消防通道；
⑥存放区物项存在缺陷或摆放混乱；
⑦圆形物体落地存放未做好防滚动措施；
⑧气瓶存放未挂安全信息卡、缺少防震圈、固定不牢靠；
⑨木箱等物项上存在钉子等尖锐突出物，易划伤人员；
⑩物项存放未与工艺系统、设备、消防设施、应急物资保持适当距离，影响其使用。

（质量）维修现场工作实施管理表现TOP10
①规程执行未及时圈杠确认；
②维修人员作业行为不规范；
③维修记录填写不完整、不及时、不准确；
④质量计划的执行及确认不到位；
⑤现场防异物封堵、登记等不完善；
⑥工前会人员签到及风险分析不全；
⑦未正确使用合适的工器具；
⑧拆除设备零部件未做相应标识；
⑨规程修改未按规定签字；
⑩未做到工完料尽场地清。

图为秦山核电维修领域2021年安全质量管理提升专项

结合核电站各类经验反馈，根据国家标准要求，创新制定“风险后果——作业类型”的分类方法，完善安全风险因素，将安全风险分为15大

类、114个小类，形成具有核电特色、可操作性强又便捷的风险类别和代码，便于维修人员识别和选择。设置安全质量专职人员，发布安质专员管理办法，建立从识别风险、制定预案、落实人员、发布清单、管控实施、总结反馈等高风险作业全过程、闭环管理的运作体系。

4. 标准化班组早会

班前会是维修班组例行的班组活动，是一天工作良好开端的保障，是班组管理、现场工作得力安全实施的重要一环。为统一班组早会形式和内容，规范班组早会流程，明确班组早会各项议题的具体要求，提高班组早会效率，针对会议的组织召开形式、会议时间、会议准备、会议内容、会议记录、会议流程等制定了详细的规定要求，形成了《维修领域班前会标准化管理办法》，制定了简单易记的“一学、二回、三交、四确认”的班组早会流程口诀，明确了站立班组早会要求。

结合数字核电站发展趋势，创新引入触摸式终端大屏，将传统的只能“听”的早会，转为可触摸、可看到的高效早会。在自动获取数据的前提下以班组为对象进行数据智能推送，将所有涉及本班组的相关系统进行智能集合，以“一学、二回、三交、四确认”的标准化结构流程来引导早会议程，极大提升了班组早会的效率和效果，是维修一线每日班组早会的一次场景化变革。

5. 维修耗材标准化

在秦山核电标准化工作开展过程中，因各核电站编码方法和原则不统一，没有进行有效识别和筛选，合并后造成ERP系统中存在较多的一物多码、编码方法和编码长度不统一、物资属性分类不准确等现象。面对庞大的数据，梳理从维修耗材的定义原则做起，通过建立维修耗材编码的原则和分类方法，建立维修耗材管理的标准规范，实现各个生产单元维修耗材通用性，明确维修耗材的管理范畴，并形成具体的维修耗材标准清单。目前，清单已从85 198项物料数据精炼到4 485项。

维修耗材标准清单，提供了清晰、标准的数据结构，为数字化管理提供基础，为各个管理环节的优化提供了先决条件。同时，为加强编码的应用和固化梳理成果，通过管理制度明确维修耗材标准清单的应用方法，指导维修耗材申报工作。

6. 高标准厂房及工地建设

高标准厂房建设旨在全面提升秦山基地的厂房基础建设的治理水平，通过编制应用《高标准厂房手册》指导开展了200余项厂房环境整治工作，厂房环境整治专项顺利完成并取得了“安全、高质、便捷、美观、节约、健康”的实效，实现了用3～5年时间建立整洁实用、保养规范、制度完善的高标准厂房目标。

为全面深入开展安全质量标准化工作，推动工程施工项目现场管理向科学化、标准化管理转变，秦山核电编制了《秦山核电基建项目安全标准化手册》指导开展施工项目的工业安全标准化管理，将工地管理工作内容具体化、定量化、系统化，明确现场施工管理的具体内容、工作方式，保证项目建设安全有序。目前已将其应用于10余项新建工程项目的管理工作中，工程建筑面积总计达6万余平方米，降低了30%的现场安全隐患数量，提高了安全排查效率。

（三）数字维修建设

1. 日常维修数字管理系统（iWeiXiu）

日常维修管理系统以维修场景数字化转型为目标，以维修活动全要素管控为愿景，基于核电维修活动的经验，通过对现有核电维修系统及不同人员角色任务的分析研究，将核电站内所有和维修业务、行为、数据相关的系统做到数据上的融会贯通，提出以用户业务流程管理（BPM）需求为导向的全范围全流程的数字化抓取和展示方法。通过对核电维修所涉及的各类需求分析、梳理和全范围全要素构架，整合所有可用的数据，在可视化建模和数字化建模后，通过自主设计的UI界面和软件代码开发了核电日常维修数字管理系统，形成了核电维修BPM业务流的创新模块设计和全环节数据自动抓取，无需主动查询、手动筛选和人工梳理，将传统的“人找数据”工作模式改为“数据等人”“业务为人”的服务模式。

目前已实现数字班组早会、数说班组维修任务“计划—执行—检查—处理”（PDCA）闭环管控、多维度高效培训学习、基于用户角色的多维度提醒实例等应用，实现了核电维修管理全要素的数字化生态管控。数字赋能和数字驱动生产效应显著，让核电维修跑出了“加速度”。系统荣获中核集团2021年度管理创新一等奖、秦山核电2021年度年管理创新一等奖、中国核电2020年度优秀信息化项目，并被中国核电核职业领导力培训班选为现场观摩项目。

2. 大修管理系统（iDaXiu）

大修管理系统是以工单的全生命周期为主线，工单全要素为对象，通过数据推动大修各项工作，用数据引导大修资源分配、监控大修管理各个环节的高效开展，持续提升大修管理水平，实现大修全过程、全要素控制管理的信息化系统。

系统搭建了以大修总体布局、规划、准备、实施、总结的设计框架，和公司内相关生产系统（包括EAM/ERP/P6/PI等）进行了对接和数据抽取，于2017年底开始投入使用，目前已应用了20余次大修。通过应用反馈，逐步完善从大修规划到大修总结各环节的数据库和数据模型，通过数据挖掘和分析，构建大修全过程管理、优化、提高的管控平台，实现大修绩效明确化、管控流程标准化、管控环节自动化、管理过程可视化的目标。

三、科学规划，精准管控，持续追求一流大修绩效

大修是核电站生产活动中的一个重要环节，是确保机组安全、可靠运行的重要保障，自1994年秦一厂30万千瓦机组商运至今的30年间，秦山核电共计实施97次大修，在大修组织管理、大修准备和实施等方面积累了丰富的管理和实践经验。

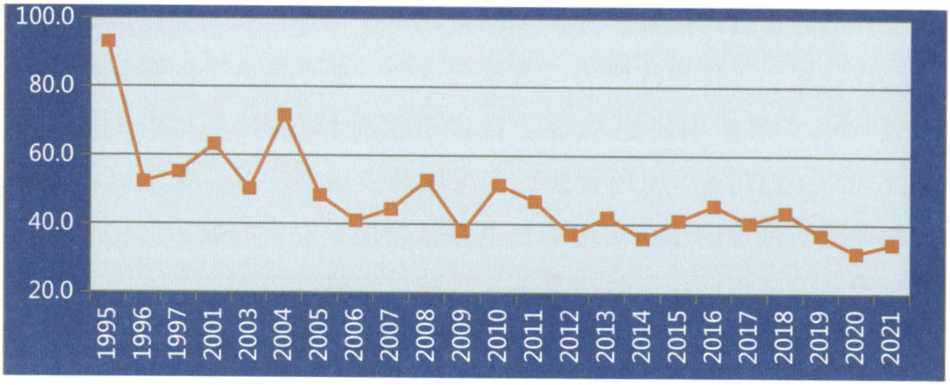

图为秦山核电1995~2021年大修平均工期（天）

秦山核电从2014年开始对9台机组大修工作进行一体化管理，坚持以安全生产为核心，以管理提升和绩效考核为抓手，以“统筹兼顾、协调统一、循环推进、持续优化”为工作理念，以追求世界一流大修业绩为目标，并不断开展管理创新工作，推行大修专业化运作，实施多机组、多项目、多层次的统筹和协调，优化统一大修规划、大修准备、大修实施和大修总结的管理流程及控制环节，实现了专业化管理规范和标准。

大修业绩和核心能力持续提升，首修工期从93天缩短到55.5天，C类大修最短工期18.12天，所有机组都实现过“30”工期；2018年同时开展三个大修，安全、质量、进度管控良好，验证了秦山核电具备三个大修同时实施的能力；30万千瓦机组通过三次大修完成延寿改造项目，扩容至350兆瓦，机组效率和可靠性水平进一步提高。

（一）大修规划助力高质量发展

优质高效的数据库是大修规划制订的基础。随着核电机组设备可靠性和运行水平的提高，核电站长期安全稳定运行得到了良好的保证，决定核电站运营业绩的关键因素已经从核电站的运行转变为核电站的运行和大修。依托9台机组多年的运行和大修管理经验，建立了完备、规范、智能的大修数据库，并在使用过程中持续进行优化。

为响应中国核电达世界一流业绩要求，合理规划机组全寿期大修工作安排，提升秦山核电运营业绩，在目前大修优化的基础上，秦山核电进一步对关键路径、次关键路径的预维和重大改造项目进行分析，并研究推行长燃料循环策略，制定了《秦山核电运营业绩达世界一流工作规划》和《中核运行机组全寿期大修规划实施方案》，旨在通过设置中长期规划工期和远期规划工期及方案配套措施，确保2030年前后秦山核电机组全寿期平均能力因子达96%、WANO综合指数100分的目标要求。

（二）大修准备为高质量大修奠定基础

通过编制大修标准准备计划，规范大修准备期间的各项任务、工作方法、准备工作质量和进度要求，明确大修准备工作中协调控制的原则，指导大修准备工作的开展，有效推进大修准备工作。秦山核电各机组大修准备工作从大修前24个月开始推进，平均每年开展16次大修工作。在准备阶段设置了50个里程碑一级计划，117个二级计划，内容包括了大修文件、物资、外委合同、项目准备、组织管理等方面，并且对每一个里程碑的完成质量都提出了严格的要求，各部门层层把关的同时需要有明确记录的可交付物，保证大修实施期间的可追溯性。

（三）大修实施确保安全质量进度有效管控

大修实施阶段是大修过程中最为关键的环节，通过不断探索和吸收国内外同行的实践经验，大修管理得到不断优化改进，形成了一套具有自身特点、行之有效的大修实施管理体系。

成立以项目管理为主，行政管理辅助支持的大修项目组织机构，主要包括大修指挥层、大修监督层、大修执行层、大修支持层四部分。同时还针对高风险或可能对大修安全、质量、进度、成本等大修指标造成降低或不可逆转影响的项目设置重大专项组，从而在各专业、各单位之间形成团队合作，高效执行大修任务。

推行全面的安全与质量监督机制，进一步提升安全标准和安全意识，对每项大修工作进行全面风险分析，做到风险的预知预判预控，确保大修安全。严格遵守质量管理标准与要求，全面落实大修质量保证体系，在各环节中做到“凡事有章可循、凡事有人负责、凡事有人验证、凡事有据可查”，并充分借鉴以往大修经验，持续改进技术与工艺。

建立以计划为龙头的大修计划管理体系，通过建立包括里程碑计划、隔离/主隔离窗口计划、主线计划、检修窗口计划、专项计划在内的五级计划体系，强化大修计划关键路径管理，确保大修进度全面受控。

（四）有效评价，循环推进，持续提升

紧密围绕大修管理目标制定大修绩效评价体系，层层分解大修绩效管理目标和重点任务，全面落实大修管控责任。大修结束后，各管理层及时对大修组织管理、项目/计划完成情况以及大修后机组运行及设备的健康状态进行总结，以安全、质量、进度和成本控制为前提评价大修实施效果和各部门、岗位成员在大修中的表现与业绩；并通过与国内外同行进行大修业绩的对比和分析，发掘良好实践和管理短板，充分利用内外部经验，不断优化大修各项工作，提高大修质量，实现大修组织管理水平和大修业绩的持续提升。

四、奋勇向前，努力拼搏，追求卓越永远在路上

30年的奋斗历程，铸就了秦山核电辉煌的过去，展望未来，秦山核电维修人将以新时代核工业精神为指引，继续发挥多堆型、多机组积累起来的丰富经验，并不断致力于新工艺、新技术的研发和探索，努力拼搏，奋勇向前，持续追求卓越维修业绩，为公司构建“1+1+2+4”发展思路贡献力量。

6

夯实基础　自主创新　实现技术引领

秦山核电技术管理主要包括设备管理、配置管理和技术支持三大部分。其中，设备管理包括设备信息管理、设备分级、预防性维修管理和优化、系统和设备性能监测、质量缺陷报告和不符合项报告、设备失效原因分析、备件和战略备件、设备技术问题处理、设备防腐等；配置管理包括变更改造、物项替代、技术文件管理等；技术支持活动涵盖在役检查和金属监督、核燃料管理、堆芯物理、性能试验、安全分析、化学、材料、焊接、老化和寿期管理等。此外还包括信息化管理、文档管理、专项工程管理和业务标准化管理等。

秦山核电技术管理的主要特点，首先是专业面广，技术管理涉及专业多，包括机械、电气、仪控、化学、材料、力学、流体、热工、堆工、核物理、燃料、文档、信息。其次是技术含量高，难度大。一方面核电厂设计复杂，系统众多，设备种类、规格型号繁多，不少重要设备是进口设备，缺少原始设计资料和图纸。另一方面秦山核电堆型不一，9台机组既有压水堆，又有重水堆；装机容量从30万千瓦到100万千瓦不等；既有美系ASME标准，也有法系RCCM标准。因此要把系统和设备方方面面研究透彻，难度很大。第三是时间跨度长，从核电厂工程建设到电厂退役，时间长达五六十年，甚至更长。技术管理工作的专业面广、技术含量高、难度大的特点，决定了对技术人员的素质要求高。

秦山核电技术领域现有技术一处、技术二处、技术三处、技术四处、技术支持处、安全分析处、科技创新处、堆芯燃料处、化学处、文档管理处、信息管理处、业务标准处和专项工程处等13个处室。共有员工688名，其中博士3人、硕士68人、本科571人，本科及以上占比达到93.3%。高级职称426人，中级职称171人，中级及以上占比86.8%。此外，技术领域有领军人才4人、首席专家2人、科技带头人3人、学科带头人14人、高技能人才20人，中核集团或省部级以上种类人才3人。团队实力雄厚，人才梯队建设卓有成效。

秦山核电技术管理的目标是打造一流的技术团队，建立先进的技术管理体系，为核电厂提供专业的技术支持，做核电行业的技术引领者。

一、设备管理卓有成效

秦山核电以设备可靠性为中心开展设备管理工作。对设备进行分级管理，通过对关键设备的识别和重点管理，防止出现关键设备的非预期故障，确保系统设备能实现核安全功能，提高电力生产的经济性。同时建立系统设备性能准则，通过在役检查和试验、设备监督和分析，掌握系统设备的实际状态和性能趋势，以及系统设备的薄弱环节，及时采取纠正措施，避免设备失效。建立动态的预防性维修大纲，合理安排设备的预防性维修和状态维修，并持续优化维修策略和预防性维修大纲，提高和保持设备可靠性，合理平衡设备的可靠性和可用性。及时对现场设备故障进行技术分析和故障处理，对设备非预期失效进行原因分析，采取措施避免缺陷重复发生。通过设备可靠性管理、长期计划和寿期管理，确保系统、设备始终处于设计功能范围内运行。通过开展设备技术管理工作，提升设备管理人员的知识技能水平，增强设备安全意识。

秦山核电始终将对核电厂安全和效益影响最大的关键敏感设备（SPV设备）作为设备管理的重中之重。从关键敏感设备的敏感部件识别到缓解策略分析，以设备监督、故障诊断、预防性维修、新技术应用为手段，重点开展关键敏感设备管理。在2019~2021年期间特别开展关键功能小组工作，进一步夯实关键敏感设备的基础工作。关键功能小组由机电仪设备工程师、机电仪维修工程师、系统工程师和运行工程师组成。3年间共成立246个小组，对6000多个关键敏感设备进行了分析。对于识别出的SPV设备和部件，从预防性维修、性能监测、维修规程、试验规程、备件、变更改造、质量控制、巡检、物理隔离和运行方式等多个方面进行缓解策略分析，查找薄弱点，识别剩余风险，以消除或尽量减少SPV设备故障的风险。对存在的薄弱点制定针对性整改行动并限期完成，对长期存在的风险及其管理措施则传达到相关的生产部门和岗位进行提醒。通过关键功能小组工作，进一步细化了关键敏感设备基础工作，做到了对关键敏感设备的可知可控。

秦山核电积极推进机组减非计划停机停堆管理创新实践，借鉴国内外核电的先进管理经验，结合秦山核电的实际情况，建立了一套聚焦核电机组关键非计划停机停堆风险点有效管控的管理方法。通过有效推进减非停工作，核电厂关键重要设备缺陷的数量呈现逐年下降的趋势，2018年9台机组关键重要设备缺陷309项，2019年下降到264项，2020年降低至183项。机组非停数量也大幅度减少，2018年9台机组发生非停7次，2019年发生非停3次，2020年发生非停1次，机组非停率降到了0.11，远低于国际非停率0.33，减非停工作取得了显著成果。

秦山核电建立了技术问题TOP10制度，以期能更有效地利用内外部资源集中力量攻克技术难题。近5年，秦山核电通过十大技术问题方式处理各级技术问题共342项，其中公司级23项，如：海水温度高、EHC油系统控制阀故障、装卸料机可靠性改进、RIC指套管外壁磨损模拟试验与处置策略、疏水阀问题专项、冬季RRI水温低导致其部分负荷不满足运行要求等。

秦山核电还建立了一套标准规范、流程严谨、执行高效的备件管理业务标准，是践行数字化管理创新的重要内容。通过横向协同，纵向贯通，实现了信息集成、共享和高效利用。完成了数字备件管理的优化与跟踪，通过云计算，实时监控、抓取备件需求的变化，提高了库存周转率。完成虚拟库建设，打破了三家业务的财务壁垒，实现了秦山地区库存一体化管理。系统调整采购到货计划，最大程度保障了库存物资高效流动管理目标。实现了备件全寿命周期管理，备件采购有业务支撑，出、入库环节有质量检查，旧备件有相对应的处置流程。强化了备件实物管理，做到了每一项物资的业务流转情况可查、可视和可跟踪，备件管理水平达到新高度。

经过多年不断加强设备可靠性管理，秦山核电设备可靠性指标EQP得到了稳步提升，2020年底达到91.69分。2019年，秦山核电被中国电力设备管理协会评为第七届全国电力行业设备管理工作先进单位和设备安全管理标杆企业。

二、堆芯燃料管理硕果累累

核燃料与堆芯技术是堆芯燃料管理的两大主线业务，主要包括秦山9台机组的堆芯监督、燃料管理和反应堆物理试验，同时负责为浓缩铀、燃料组件等物资采购提供技术支持，归口核电厂核材料衡算、堆芯换料策略研究和燃料管理改进等工作。

秦山核电的堆芯燃料管理工作始终保持行业领先水平，机组能力因子呈稳步上升趋势，压水堆机组燃料可靠性指标连续多年达到WANO先进值水平，大修关键路径启动物理试验时间屡创纪录。先后完成了先进堆芯物理计算软件系统ORIENT、动态刻棒、标准核燃料管理系统N1-NMS、国产燃料组件考验、压水堆核电站燃料组件辐照后池边检查技术等重要研发工作。核心技术能力建设取得显著成效，掌握多项自主知识产权，并实现成果转化。后续将重点开展重水堆37M燃料改进、重水堆燃料包壳管自主化、乏燃料干法贮存、长循环优化等重大专项工作。

作为燃料物理领域的先行者，秦山核电已完成能源标准体系研究项目“压水堆核电厂燃料管理标准体系研究”，并牵头起草多项能源行业NB标准。其中，已发布NB标准5份，分别为《压水堆核电厂辐照燃料组件池边检查》《压水堆核电厂堆芯临界硼浓度监督》《重水堆堆芯过剩反应性计算方法》《Supervision of critical boron concentration in core at pressurized water reactor nuclear power plants》和《Poolside inspection of irradiated fuel assembly in pressure water reactor nuclear power plant》。此外，秦山核电还统一规划与管理反应堆物理与核燃料方面的对外服务项目，及时响应市场需求，建立标准的对外服务产品，积极发掘新的对外服务点、开拓对外服务市场，并联合浙江大学共建“先进核能理论和应用重点实验室”。通过产学深度合作，进一步开展核能领域基础研究、关键技术研发和创新成果转化，推进核能产业和新一代数字技术深度融合，为全球核能创新发展贡献更多智慧。

三、化学管理成绩斐然

秦山核电机组化学管理主要包括9台机组的化学管理和放射性流出物排放控制。通过化学取样、分析、监督和控制，制定并实施合适的化学技术方案，保证核电厂系统和设备处于良好的化学状态，减少系统和设备腐蚀，降低辐射源项，延长系统和设备寿命，及时发现系统设备运行缺陷。通过放射性流出物取样监测和排放控制，确保放射性流出物排放受控并满足要求。通过化学性能指标管理、化学新技术研发，不断提升秦山核电化学管理水平。

秦山核电负责或参与编制了多项化学相关国际/行业/中核集团标准，获得多项国家专利。秦山核电各化学实验室共配置近150台大型先进分析仪器，拥有国内首家获得国家CNAS认可的核电行业化学实验室。根据秦山核电化学和流出物实验室科学化、规范化管理的需要，2018年，秦山核电成立“中核核电运行管理有限公司化学和流出物检测中心”，并于2021年通过国家CNAS认可，成为国内核电行业第一家获得CNAS认可的多地点检测中心。化学实验室项目团队积极总结重水堆重水分析方法的使用经验，编制《傅里叶红外光谱法测量重水浓度》国际标准，通过自主设计制作液体池温度测量装置、采用不包含最大波峰积分计算结果等创新方法，使重水浓度分析精度大幅提高，赢得了国际同行的高度认可，该国际标准在ISO投票中获得全票通过并于2021年8月发布，为“国之光荣”再添光彩。

秦山核电的化学和流出物管理始终保持行业领先水平。至2020年底，9台机组化学指标已连续5年全部达到WANO先进值水平，放射性流出物排放达标率100%，未发生放射性流出物超限值排放和失控排放事件。秦山核电还积极进行化学新技术创新，开展核电厂二回路热力系统乙醇胺-氨协同控制技术的应用研究，成为国内第一个落实该国家重大专项技术的核电厂。开展的设备冷却水系统缓蚀剂替换研究、蒸汽发生器排污水净化系统改进、一回路及其辅助系统核级树脂使用改进等技术，对核电厂降低运行成本、减少对环境影响都有重要意义。正在开展的一回路加锌技术研究，将对降低一回路辐射场、有效减少辐射剂量发挥积极作用。

四、材料管理首屈一指

秦山核电材料管理以材料可靠性研究为核心，从系统设备材料选材、材料性能监督、材料老化机理分析、材料老化缓释技术开发、经验反馈等方面，依托老化管理系统、在役检查管理系统、材料焊接管理系统等智能化数据平台，形成完善的电厂材料PDCA全过程管理和标准化管理。

秦山核电紧跟时代步伐，勇于创新，直面国内核电领域共性问题，在材料管理领域率先开展各类先进技术融合创新，如：核电厂安全壳视频检查技术、数字射线技术（CR）、高温管道在线检测等7大科研创新项目齐头并进，其中数字射线技术实践应用，填补了核电领域数字化射线技术应用空白，成为国内核电材料性能监督的开拓者。秦山核电成功开发的稳压器安全端异种钢焊缝堆焊、稳压器电加热元件更换成套技术、秦一厂驱动机构欧米伽焊缝堆焊维修等多项材料性能老化特种维修技术，打破了国际垄断。其中稳压器电加热元件更换成套技术已成功应用于海南核电和福清核电，为公司创造了约850万元的经济收入。驱动机构欧米伽焊缝堆焊维修也于2020年成功在江苏核电和红沿河核电开展对外服务。面对机组大修期间共性材料缺陷，秦山核电统筹管理，主动开展国内首创反应堆压力容器检查优化，BOSS焊缝返修工艺优化技术、主蒸汽主管道射线插塞工艺优化技术，缩短大修工期。为机组顺利通过定期安全评审（PSR）及WANO能力因子的提升奠定了坚实的基础，保障了机组的安全稳定运行，达到国际一流水平，成为材料特种维修技术的探路者。

秦山核电编制了国际标准《核电厂冰塞冷冻隔离技术导则》，通过冰塞技术解决了实际生产中的多次非停事件，间接性经济效益多达数亿元，成为冰塞技术世界级的引领者和探路者，增强了中国在国际上该领域的影响力。编制了《老化管理审查对象筛选及时限老化分析识别》等12份关于材料老化相关能源行业NB标准，在编《核电厂安全重要电仪设备环境参数的监测》和《核电厂运行许可证延续评估通用要求》等2份国家标准。《核电厂运行许可证延续评估通用要求》为国内首个核电机组OLE项目标准，探索出了一条适合我国核电厂长期运行的技术路线，成为中国核电领域的佼佼者。编制《压水堆核电厂核级承压容器单体水压试验技术导则》《重水堆核电厂一回路管道流动加速腐蚀管理指南》等关于材料监督、腐蚀防护能源行业NB标准14份，引领了中国核电机组材料监督和腐蚀防护的技术路线。

秦山核电已荣获《材料环境敏感开裂新机制及重大工程应用》等省部级以上荣誉20余项；发表了EI《RESEARCH ON FATIGUE

MONITORING SYSTEM DEVELOPMENT FOR NUCLEAR POWER PLANT》1篇、SCI《Failure analysis of sacrificial anode iron core on the drum filter in a nuclear power plant》1篇，省部级以上（含SCI、EI、核心期刊）50篇；取得《核电厂焊接式稳压器电加热器更换全套技术开发》《一种用于核电厂报废空气过滤器金属框架清洁解控的方法》等发明专利5个；取得《一种核电厂用管道内壁防腐装置》《核电厂一回路核级阀门不锈钢管道氩弧焊接氩气保护气室装置》等实用新型专利23个。

五、安全分析稳步推进

机组安全分析工作主要包括概率安全分析（PSA）、定期安全评价（PSR）和严重事故管理三部分。30年来，秦山核电始终秉承运用专业风险分析技术，保障核电厂安全高效运行的使命，通过不断摸索、开拓和创新，取得了一项项不俗的成绩。

2001年，秦山核电在国内率先开展电厂概率安全评价工作，迄今为止建立了秦山核电9台机组的概率安全评价模型，并以此为基础开发应用了概率安全评价的三大工具，即风险监测器、缓解系统性能指标和安全事项重要度确定程序，使用风险指引型方法对核电厂生产运行活动提供支持，并推广应用到其他核电厂。秦山核电厂30万千瓦机组，由于核电厂设计时法规标准不完善，致使PSR法规对比工作困难重重，同时又是国内第一个开展PSR的核电厂，可以借鉴的经验几乎为零，可谓举步维艰。但秦山人秉承核工业开拓创新精神，发挥核工业艰苦奋斗的优良传统，最终圆满完成了PSR安全评价。2009年，秦山核电基地三个PSR项目（秦山核电厂第二次PSR，秦山第二核电厂1、2号机组首次PSR，秦山第三核电厂首次PSR）同时开展。如果说成功实施我国第一次PSR是探索中砥砺前行，那么这一次就是精心策划的攻坚战。在核电厂技术中心的精心组织下，2012—2016年圆满完成PSR定期安全评价工作。通过本次项目实施，不仅编制了一套全面的、具备可实施性的标准化PSR实施程序，并且建立了一套有效的PSR项目管理和过程控制方法，还培养了一批掌握PSR核心技术的团队。

2011年，日本福岛核事故后，秦山核电积极落实国家核安全局要求，按改进行动逐条实施改造或分析论证，运行机组共制定了56项改进行动、建设中机组（方家山）制定了14项改进行动。运用严重事故管理导则和操作票，使事故处理有的放矢。通过近8年的演习和培训，严重事故管理团队对严重事故现象和机理有了深入的认识并具备严重事故导则开发技能。同时移动设备单项演习方案和流程已经标准化，具备整体对外服务能力。携手安全分析团队牢记使命、不断创新，推进安全分析总体工作水平更高更强。

六、文档管理出类拔萃

秦山核电在不同历史阶段根据规范和管理模式均相应设置了专门的文档管理机构，全程记录了秦山核电9台机组建设的成就和经验，保存了秦核人勇立改革潮头、攻坚克难和技术创新的智慧结晶。并通过自身管理的不断标准化、智能化和专业化，将这些宝贵经验服务于机组安全稳定运行，服务于人民群众认识秦山、理解秦山，服务于再造一个新秦山。

秦山一期30万千瓦机组于1995年通过国档局组织的专项验收，是我国核电档案管理的初始探索，在档案管理工作实践中引入了质量保证的管理理念，首次编制了档案管理工作程序，建立了单机版档案和卷内文件的条目数据库，是核电文档管理的“拓荒者”。

秦山三期2台重水堆机组于2004年通过国档局组织的专项验收，学习借鉴国外现代化企业文档管理理念，在我国重大项目建设工程企业中首次提出并实施了“四统一”的文档一体化和电子化管理模式，即：统一的机构、统一的政策、统一的标准、统一的软件平台。“秦山三核文档一体化新机制建设”获国家档案局2006年优秀科技成果奖，相关经验被国档局选为档案管理工作案例予以全国推广。

秦山二期4台65万千瓦机组，1、2号机组和3、4号机组分别于2006年和2012年通过国档局组织的专项验收，首次提出并实施了文档“五化”管理理念，即文档管理一体化、文档工作程序化、文档保管标准化、文档资源信息化、文档服务网络化。

方家山2台百万千瓦机组于2017年通过国档局组织的专项验收，领先探索EPC模式下核电项目档案管理的策略与方法，在项目参建各方档案管理职责、归档流程、原件流向等方面形成一整套可供借鉴的解决方案。依托核电工程文档管理实践，先后承担多项核电项目档案管理标准编制任务，其中，《核电文档管理要求》于2018年获批为国家能源行业正式标准（NB/T 20523-2018）。

2014年，秦山核电全新开发的“中核运行图书情报信息系统”平台上线运行。该系统于2016年被中国核电共管委推广为《中国核电图书情报信息网》，为中国核电及成员单位提供服务利用，为秦山核电“一体两翼”发展战略助力。此外，秦山核电在“十三五”期间累计完成《中核运行文件汇编》《中核运行知识产权档案汇编》《中核运行机组大修档案汇编》《克莱德ASG 汽动泵二级叶轮处理专题文件汇编》和《秦山核电生产记录使用指南》等27册、1100余万字的编研成果。

据档案统计年报，截至2020年底秦山核电共形成室存纸质档案案卷237 582卷，以件为保管单位档案2 035 937件，照片档案287 958张，各类实物档案4047件，电子档案11 050 GB（其中数码照片1118 GB，数字录音录像9932 GB）。

七、信息技术管理成绩优异

秦山核电作为中国核电信息技术力量的重要组成部分，承接了大量对外与自身的信息化业务，需要处理诸多复杂的技术问题。为解决信息化建设中存在的技术短板与瓶颈，秦山核电成立了信息化专业技术团队ITeT，聚焦核心技术，集中开展课题研究，内容包括IT架构优化、专项技术研究、创新研发管理等，累计开展共23项。截至目前，ITeT已完成了专项课题研究10余项，并实现落地应用。如：iTask平台、iDoc平台、疫控门禁系统、网络安全管控平台、数润大数据平台、大数据应用实践、私有云平台、EAM监控分析平台、ESB集成平台的成功研发和落地应用，显著提升了信息系统的可靠性与安全性，并形成了多个“核电信息化服务”创新产品。此外，多项课题研究获得荣誉奖项，包括：1项发明专利授权、5项软著授权，以及“浙江省电力数据价值挖掘大赛一等奖”等。

随着4E系统深入推广以及云平台、大数据等新技术应用，系统容量及接口集成数不断上升，系统架构复杂度显著提升，疑难问题也随之增加。ITeT开展攻坚克难专题，集中信息技术力量，开展技术攻关。截至目前，已完成了25项技术难题解决，包括：EAM/ECM报表和页面打开性能慢、4E系统单点登录账号串号、PM工单触发异常等问题，有效提升了系统页面操作性能，提高了用户操作效率，并形成了一套大型信息系统疑难问题的快速修复方法和应急处理体系。ITeT这支专业化的队伍，还承担了技术规范开发、技术文件审查为主的架构控制工作。累计完成系统健康度指标、人脸识别接口规范等15份技术规范开发，以及主数据平台技术方案等40余份技术文档审查，确保了系统架构符合整体规划，技术路线满足整体要求。

八、生产业务标准管理统一推广

2017年12月2日，随着秦二厂1号、2号机组五阶段工单和隔离模块的切换上线，秦山核电历时3年圆满完成了9台机组的核电厂生产管理信息系统（N1-EAM）推广上线工作。至此，秦山基地不同堆型机组生产管理业务实现了统一。该项任务的完成，标志着秦山核电生产业务标准体系的建设与发展迈上新台阶。

N1-EAM优化推广是秦山核电落实中国核电规模化、标准化、国际化发展战略，建立秦山地区标准化生产管理体系的具体实践。2015年2月，秦山核电以“核电业务标准化”为目标，建立公司标准化业务工作组的运作和决策机制，以N1-EAM专项工作组为推手、以N1-EAM软件为载体，统筹协调业务需求的落地。N1-EAM推广整体分三个阶段：第一阶段，于2015年前完成秦一厂30万千瓦机组的推广工作；第二阶段，于2016年前完成秦三厂2台70万千瓦机组的推广工作；第三阶段，于2017年前完成方家山2台100万千瓦机组再优化工作和秦二厂4台60万千瓦机组的推广工作。N1-EAM推广项目形成了标准蓝图文件37份，升版相应管理程序153份，完成以工单电子终端、电厂信息查询系统（PIM）报表、工单准备集成页面、父子工单优化等为代表的1030项优化开发。

目前，秦山核电已完成9台机组生产业务标准化和统一化，形成的“标准生产业务模型”全面涵盖了核电厂生产业务流程，奠定了中国核电“3655”经营管理体系标准化战略的基石，适应了规模化、国际化发展的业务模式，具备了向其他核电厂或项目快速推广复制的能力。

九、自主创新百花齐放

多年来，秦山核电依靠自身力量，不断加强科技创新，积极开发新技术和新设计，在利用重水堆大批量生产钴-60放射源、开展医用同位素生产技术研发、开发重水堆非能动乏燃料干式贮存技术、开发重水精馏除氚工艺、开展重水堆压力管更换工艺技术研发等方面取得了一系列成果。

自主设计研发，大批量生产钴-60放射源。秦山核电联合国内多家研究、设计、制造单位，经过多年努力，完成了产品设计、研究制造、堆内辐照、热室分装、运输等一系列工作。2010年5月27日，首批钴-60调节棒组件辐照后出堆，标志着在中核集团主导下，秦山核电依靠自主创新，成功实现利用重水堆大批量生产钴-60同位素的目标。在提高重水堆核电站的经济效益的同时，产生了良好的社会效益和社会影响力。这一创新成果，打破了国外对我国钴-60放射源市场的长期垄断，填补了国内大批量生产钴60-放射源的空白，促进了我国核技术应用产业的发展。

自主技术攻关，开展医用同位素生产技术研发。秦山核电联合国内多家研究、设计、制造单位自2020年起，开展重水堆生产钼-99、镥-177、锶-89、碘-131、碳-14等放射性医用同位素的生产技术研发。截至2021年8月，已完成同位素生产线项目建议书编制；向国家核安全局上报了辐照法生产碳-14的靶件修改申请和在线辐照装置的方案评审。项目总体目标是到2024年同时完成在线辐射装置技术改造和同位素生产线建设。该项目有望打破我国放射性同位素长期依赖进口的局面，推动我国核技术应用产业的快速发展，助力“健康中国”战略和造福广大人民群众。

自主开发非能动乏燃料干法贮存技术。秦山核电通过引进消化吸收，自主开发非能动QM400乏燃料干法贮存技术，建成了国内首座乏燃料干法贮存设施，填补了国内乏燃料干法贮存技术的空白。设施投运以来，取得了良好的运行业绩，具有较好的安全性、可靠性和经济性。2019年，秦山核电联合国内设计单位自主开发，开展M1型密集贮存模块密集贮存技术研发，该型号模块的乏燃料贮存密度是QM400模块的1.7倍，能解决后续机组延寿的乏燃料贮存需求。截至2021年8月，已完成该项目关键技术研发和工程设计，换发建造许可证申请已于2021年4月上报国家核安全局，按计划将于2021年12月开工建设，该型号模块有望成为国际上贮存密集最高和技术最先进的重水堆乏燃料贮存模块。

自主开发重水精馏除氚工艺技术。为降低机组慢化剂重水的氚比活度，降低工作人员集体剂量，重水堆机组需要建设配套的重水除氚设施。由于国外较成熟的重水除氚技术受核保障限制无法引进，国内的重水除氚技术缺少工程化应用实践，为解决秦山2台重水堆机组除氚关键技术，实现除氚技术国产化，2019年，秦山核电通过在机组上开展实验实现了含氚重水的浓集，证明可以通过精馏技术进行除氚。通过理论分析、专家论证和成熟度评价等一系列分析论证工作，验证了精馏除氚技术的可行性。在此基础上，秦山核电联合国内研究、设计单位，自主完成了重水精馏除氚工艺技术研发，填补了国内国际空白，目前重水精馏设施项目正在进行工程设计。重水精馏设施建成投产后，可有效降低高氚运行风险，为压力管更换创造便利条件。同时，还可利用该设施进行重水升级以节省燃料费用，以及开展氧-18、氦-3等同位素生产技术的研发。

开展重水堆压力管更换工艺技术研发。重水堆压力管更换项目在国内尚属首次实践，为切实降低项目风险和项目成本，2020年起，秦山核电联合国内设计院开展关键部件国产化研究。目前压力管坯国产化科研已进入实施流程，正针对排管、热传输支管及端部组件的国产化、压力管滚胀工艺研究等开展科研准备。同时，联合国内单位开展高放废物贮存等辅助设施的工艺方案研究，同时与加拿大CE公司和国外同行电厂等开展国际合作，争取2023年完成初步设计，2024年开展长周期部件采购，切实推进压力管更换项目准备工作。

一系列新技术的创新、研发和应用，是秦核人勇立潮头，落实公司“一体两翼”发展战略，推进“四个基地”建设的成果。我们坚信，秦核人必将践行“强核报国，创新奉献”的新时代核工业精神，谱写“国之光荣”的新篇章。

7

秦山为始　创新在先

如果说戈壁沙漠原子弹试爆的蘑菇云鼎定了中国的大国地位，那么东海之滨中国大陆第一座秦山核电建成则开启了中国核电科技创新自立自强。秦山核电通过科技创新完成了我国核工业从保家卫国到建设家园的凤凰涅槃。30多年来，秦山核电积极承担国家赋予的责任，在全面推进低碳经济的过程中，实现了从30万千瓦到100万千瓦的核电技术飞跃，以大力发展核能发电，减少化石能源消耗在能源消耗结构中的比例为己任，在“碳达峰、碳中和”能源“双碳”目标下，为中国经济发展的行稳致远提供“核动力”。

一、秦山30万千瓦机组科技创新——中国核电从这里起步

20世纪70年代，中东战争、石油危机的深远影响让各国深刻认识到能源战略的重要位置，纷纷把目光聚焦在核电技术领域。核电作为国家重大工程，早在1970年就由周恩来总理亲自确定起步远航。在核电站可行性初步研究阶段，秦山核电总设计师欧阳予查阅大量资料，结合国际核电工程经验，解决了堆型选择这个秦山核电的第一个难题。在我国第一任核潜艇总设计师彭士禄的支持下，确定“压水堆”方案为秦山核电站原型堆设计的技术路线。

反应堆技术线路确定后，紧随其后的是容量问题。容量问题要依据我国基础工业、制造能力、国际核电站成熟经验综合分析才能确定，造多大功率对于第一座核电站而言也是一个挑战。苏联的第一个核电站功率是5000千瓦，美国的第一个核电站功率是9万千瓦，英国的第一个核电站功率是5万千瓦，但是20世纪70年代世界最大核电站功率已经达到60万千瓦。总设计师欧阳予带领团队经过研究计算、结合国情最终拍板确定了秦山核电站的功率为30万千瓦。至此，我国大陆第一座核电站的重要参数底定。

堆型和容量既定，秦山核电的宏伟蓝图在万千科技工作者的耕耘下渐次展开。

（一）自己设计，掌握技术

核电站设计，最关键的是不仅要知其然而且要知其所以然，核电站设计关键的理论和工程模型，关键的设计准则，是“要不来，买不来，也讨不来得”，只能依靠自己攻关。通过秦山30万千瓦机组的工程设计，我国掌握了压水堆有足够的负反应性的温度系统物理设计；热工水力设计留有必要的容量；加强防止放射性物质逸出的三道屏障的材料和结构设计；设立多重保护的系统设计；建立专设安全设施等全方位的核电站设计准则，为后续核电站设计和发展描绘了安全可靠的系统蓝图。

在秦山核电初步设计中，完成400余项科研项目，工程设计完成工程图册416册、图纸18928张，同时完成反应堆压力容器、堆内构件、蒸汽发生器、汽轮发电机组、主变压器等主要设备和209项非标设备的施工设计图纸338套15 196张。秦山一期工程确定的“纵深防御、综合设防、多道屏障、万无一失”的设计理念，至今仍是我国自主设计核电站的准则。1997年，“秦山30万千瓦核电站设计与建造项目”获国家科学技术进步奖特等奖。秦山一期工程获得150多项国家级和部（委）、省（市）级科技进步奖和优秀科技奖。

（二）自己研发，制造大国重器

根据周总理“掌握技术、积累经验、培养人才”的建设初衷，秦山核电工程在关键设备制造上，力求自己掌握关键技术。其中，核工业812厂制造的核燃料组件、上海先锋电机厂制造的控制棒驱动机构、上海锅炉厂制造的蒸汽发生器、上海第一机床厂的堆内构件、上海汽轮机厂制造的30万千瓦核电汽轮机、上海电机厂制造的双水内冷30万千瓦发电机、大连机车车辆厂制造的应急柴油发电机、上海起重运输机械厂制造的核燃料装卸机，这一台台主设备的研制成功夯实了核电中国制造的基础。

（三）安装调试，技术创新

秦山核电攻克了一个又一个技术难关，掌握了核电站建设安装关键技术。这里诞生了开发安全壳筒体施工技术的“鲁班奖”团队；在国外技术封锁的环境下成功研制出悬吊自适应弹性支撑装置；开发填补国内大厚度不锈钢管道焊接技术空白的主回路管道焊接技术、核电上百吨大型设备运输和吊装技术、大吨位安全壳穹顶吊装技术等。

在调试方面，成立了中国大陆第一支由设计院、建设安装单位、核电站业主组成的联合调试队，编制调试大纲和370份调试细则，用一份份详细的技术方案取得了主系统水压试验、非核蒸汽冲转汽轮发电机组、安全壳强度和密封性试验、核燃料首次装载、初次临界试验和并网发电等6个“一次成功”的好成绩。

（四）稳定运行，勇创第一

在核电机组的安全稳定运行方面，不断实施自主技术改造，保证机组长期稳定运行。破损泄漏燃料组件的修复技术开发、核电站堆内构件水下修复技术及装备研制、反应堆压力容器底部贯穿件检验技术研究等，这一系列的技术改进措施使一座原型堆核电站焕发出勃勃生机，安全性和经济性都取得了良好的业绩。秦山核电培养了一支在核电运营、检修、技术支持、安全质保等方面，具备丰富经验的核电人才队伍。

随着秦山核电运行许可证30年运行时间即将来临，秦山核电根据国际核电成熟经验，积极策划运行许可证延续（OLE）相关技术论证和标准研究，经过近十年的初步酝酿、技术研究、改造提升，2021年9月国家生态环境部（国家核安全局）官网公告“秦山核电厂1号机组运行许可证获准延续，有效期至2041年7月30日”，成功树立起国内核电机组运行许可证延续领域的标杆。

通过国内首个延续运行安全评估全过程的科学分析和实践，秦山核电建立了首套国内核电机组运行许可证延续的技术标准体系、管理体系和人才体系。通过该示范工程为国家核安全局（NNSA）建立一套运行许可证延续审查方法及流程，建立起以1项国家标准为主导、12项行业标准为支持的许可证延续核电标准体系，对于指导国内其他核电机组的许可证延续工作具有非凡意义和高度的经济价值。

在OLE项目过程中，秦山核电配套开发了核电站系统功率提升体系技术、高辐射环境下水下加工及焊接技术、堆内构件围板螺栓水下超声检验技术等诸多行业技术，填补了国内空白。

科技创新是秦山核电活力的源泉，点点滴滴的源泉汇聚，终于“积水成渊，蛟龙兴焉”，迎来了大型商用核电机组国产化和中国核电自主品牌的腾飞。

二、秦山60万千瓦机组科技创新——国产化大型商用核电机组腾飞

秦山二期4台65万千瓦核电机组，是我国核电“引进、消化、吸收、再创新”的样板体现。1号机组于1996年6月2日正式开工，2002年2月6日实现首次并网，是中国自主设计、自主建造、自主运营、自主管理的第一座国产化商用核电站。1号、2号机组设备国产化率55%，3号、4号机组设备国产化率77%，实现了自主建设原型堆向商用堆技术、装备国产化重大跨越。

实现核电“从30万千瓦到100万千瓦”自主发展的历史跨越

（一）消化吸收，核电设计再上台阶

秦山二期核反应堆堆芯设计以及堆内构件的总体结构与一期相比有较大改变。秦山核电依靠自己的力量，通过堆芯水力及流量分配试验和流致振动模拟试验，验证了反应堆设计的合理性；经过大量的试验研究工作，实现了控制棒驱动机构的自主设计和国内制造；进行了一系列重大的工程设计实验验证工作，建立了核电一回路关键设备、堆芯设计、能量导出等单元设备和设计标准化技术，为我国核电工程大型商用三回路百万千瓦级技术研究打下了坚实基础，做好了储备。

（二）核心技术堆芯设计从引进向自主跨越

秦山二期工程是在消化吸收M310型引进机组技术的基础上，结合当时国内设备制造能力的前提下，采用国际上技术成熟、安全可靠的压水堆堆型，核岛采用两个环路，每个环路按电功率30万千瓦，堆芯采用121组17×17型方形燃料组件布置等标准设计，实现了中国大陆商用核电机组的“自主设计、自主建造、自主调试和自主运营管理”的突破。本工程的设计、建造、调试和运营可与百万千瓦级核电机组通用。通过4台60万千瓦压水堆核电机组的设计、建造、调试和运营管理，将逐步实现我国核电机组建设的标准化、国产化和系列化。

堆芯设计在消化吸收国际先进堆芯燃料管理策略改进技术的基础上，最终在方家山工程实现了自主堆芯设计核心软件的自主化。2005年，依靠国内研究设计院的力量，在国产核电机组上，完全自主实施了燃料组件由FAF-2G型更新换代为高性能AFA-3G型的改进工作，并在两种燃料组件共存的混合堆芯中，实施了将燃料富集度由3.25%提高至3.7%的改进项目；实施了改进型燃料组件定位格架优化项目，解决了燃料组件受辐照后变形大而相互干扰、影响堆芯装卸料的困难局面；为国产大型商用核电机组使用的标准化燃料组件设计、制造与改进奠定了基础。

为了满足秦山第二核电厂4台机组群堆管理的要求，提高电厂的运行经济性和应对电网的灵活性，秦山第二核电厂利用国内研究设计院的力量，首次在国产核电机组上开展并实施了长燃料循环堆芯燃料管理策略改进的项目。2014年，秦山第二核电厂实施了长燃料循环项目，换料燃料富集度由3.7%提高至4.45%，平衡燃料循环长度由337EFPD增加至480EFPD，提高燃料循环运行时间即循环长度，从而提高机组的负荷因子，加深燃料的批卸料燃耗，提高燃料利用效率，进而降低单位产能（即发电）成本。秦山第二核电厂长燃料循环是国内首家利用国内设计院力量自主进行长循环规划、论证的核电机组，项目获得了中核集团科学技术奖二等奖。

（三）核电关键材料技术控制获得突破

重大工程都会碰到意想不到的难题，秦山二期扩建工程核辅助系统管道微裂缝问题，就是摆在国产化核电关键材料应用面前的一只“拦路虎”。秦山二期国产化机组建成后，1号机组在2003年至2006年的换料大修核级管道在役检查中，陆续发现部分核1、2级支撑焊缝上存在微小热裂纹。经过奥氏体不锈钢焊缝热裂纹缺陷的高精度预制工艺和验证方法研究，通过理论分析和试验，研究确定了奥氏体不锈钢抗热裂焊材的关键技术要求；确认该核电机组部分批次国产焊材个别元素接近规范下限值，导致焊缝熔敷金属内实际铁素体含量偏低，是热裂纹缺陷产生的根本原因，提出了一整套经过长期运行实践检验的现场焊缝热裂纹缺陷处理方案和管道焊材材料控制标准，为我国后续核电厂自主建设清除了障碍。

大型汽轮机叶片材料和制造是工业“王冠上”的“明珠”，秦山核电在运行过程中完善了其制造工艺和检查手段。2012年11月9日，秦二厂2号机组因2号汽轮机7A轴瓦振动高触发跳机事件，检查发现3号低压缸转子正向次末级42号叶片从叶根处断裂。秦山核电研究形成了一套叶片缺陷成因分析方法，开发了相控阵UT和荧光MT两种高灵敏度和便利的叶片在役检查技术，完成了次末级优化型479.3 mm叶片设计定型，研究并解决了防蚀片镶嵌槽低应力集中度结构设计及钎焊工艺改进问题，使对汽轮机低压转子次末级叶片故障的研究与工程处理处于国际领先水平，解决了叶根和叶身在役监督检查手段的难题，使现行结构次末级叶片继续运行安全风险的有效规避成为可能，提高了叶片制造水平。

三、秦山70万千瓦重水堆机组科技创新——中加国际合作与技术突破

秦山三期重水堆核电站工程，是中核集团承建的国家“九五”重点工程，是引进加拿大重水堆核电站技术，按照国际标准建设的。工程于1998年6月8日开工，合同工期为55个月，首台机组于2002年12月31日比合同工期提前43天投入商业运行，2号机组于2003年7月24日提前112天投入商业运行，工程设计、建造、调试和管理取得全面成功。与国际同类30多座重水堆核电站相比，秦山三期重水堆核电站设计最新，工程建设周期短，工程质量高，多项施工记录创国际同类核电站建设之最，是国际合作建设重水堆核电站的典范。

（一）钴-60同位素国产化替代成绩卓著

秦山三期重水堆运行中子通量高于其他压水堆的特性，使之成为进行同位素生产的“优质矿藏”。钴-60同位素的国产化突破，就是用钴-59材料经过堆内辐照“点石”生产出来的“金子”。

秦山核电从1998年开始组织钴-60生产相关研发工作，经过十年努力，2008年11月第一批合格的钴调节棒制造完成，约520万居里钴-60同位素顺利出堆。目前，钴-60产品质量良好，年产800万居里，其成品直接销售产值可达1.2亿元，满足70%国内工业和医用市场的需要，著名的癌症“克星”咖玛刀就是医用钴-60的杰作。钴-60的研发生产，打破了国际集团的市场垄断，对于我国核技术应用产业发展具有重大意义。

（二）同位素产业成为核电产业创新一抹亮色

在未来的规划中，秦山核电还将充分研究应用重水堆高通量反应堆特性，建设同位素生产基地，开发生产碳-14、镥-177、锶-89、钼-99、碘-131等重要医用同位素和钴-238等工业同位素的技术，持续向世界供应重要放射性同位素，为我国千亿元级非动力核技术产业的启动和发展，提供动力和坚强保障。

（三）消化吸收再创国际标准辉煌

依托重水堆建设的培训，秦山三期拥有了一批与世界接轨的优秀人才，他们熟悉国际规则，技术精湛，勇于探索。2020年11月，由秦山核电主编的国际标准《核电厂冰塞冷冻隔离技术导则》顺利发布，证明我国在超低温工况下核电材料脆性研究、不同材料界面相容性研究以及低温材料微观组织变化研究取得深入成果，是我国核电技术标准化、全球化工作的重大突破。2021年8月，国际标准《傅里叶红外光谱法测量重水浓度》顺利发布，为国际核技术领域重水浓度的测量提供了最新的先进技术规范。至今，在中核集团发布的三个ISO国际标准中秦山核电占了两项，取得了为之自豪的业绩。

四、方家山工程——国产化核电机组从30万千瓦到100万千瓦跨越

方家山核电站拥有百万千瓦级核电机组，是中国自主化、国产化程度最高的核电站之一，实现了核电“从30万千瓦到100万千瓦”自主发展的历史跨越，装机容量2×108.9万千瓦，1、2号机组分别于2014年12月15日、2015年2月12日正式投入商业运行。实现设备综合国产化率达到80%，进一步推动了设备国产化项目发展进程（主泵、应急柴油机等），为百万千瓦级核电机组总承包和整机出口积累了经验。

（一）调试及运行改进

方家山项目建设过程中面临主设备和关键设备到货滞后的重大挑战，所有参建单位直面困难，采取了一系列管理和技术措施，最终在确保安全和质量的基础上，扭转了工程滞后的局面，取得了工程新突破:在主泵电机/水泵部件滞后合同计划22个月的情况下，将最后一台主设备到货到核回路冲洗的施工工期由原计划16个月缩短为8.5个月；1、2号机组1E级DCS机柜安装和通道试验分别用时仅7天、6天，首次装料仅用时43小时，从首次装料到具备商运条件仅用时69天，两台机组投运间隔工期缩短到59天。

机组商运后通过自研完成DCS升级应用，在平台上开展工控网络安全研究，检测DCS系统的薄弱点，验证DCS的安全隐患，评估核电机组系统的安全风险，提出防护解决方案并开展应急演练加强防护，为后续各成员单位的安全防护建设提供宝贵经验和必要技术支撑。技术反馈至同类机组和“华龙一号”的后期项目设计中，实现DCS主控制室辅助监控系统、龙鳞DCS安全壳内数据通讯技术、DCS数字化双胞胎仿真验证平台、DCS最小化离线硬件平台、DCS TA端子板研发、DCS熔断丝快速检测工具研发、核电站非安全级DCS质量应用、国产DCS抗震网络交换机等应用。围绕数字化控制，通过数字创新，在各核电系统调试中走出了核领域国产化的道路。

（二）生产活动业务标准化和数据化

将工控系统DCS、ERP系统、EAM系统和其他核电站专业系统进行深度融合，构建起数字化环境，完成了生产活动业务标准化和数据标准化，并将大数据、物联网、人工智能等技术与核电站安全生产、运营管控有机融合，开发大量智慧化应用，精确感知生产数据、优化生产过程、减少人工干预，依托信息化、大数据、人工智能等技术，电厂日常作业实现智能管控。

开发不同生产活动场景下使用的防异物机器学习、经验反馈大数据智能推送、视频远程早会、工作视频记录仪、自动配发剂量计、高剂量地图、工单与剂量分析、视频监控分析系统、化学与流出物管理系统、燃料管理系统、“三废”管理系统等多种数字化平台，共同打造了“智能、协同、融合、安全”的智慧核电站生态。

（三）维修工具开发创新

结合实际作业环境特点，研发了螺栓机器人、数字化胶片、查漏机器人、燃料破损机器人、方家山循环冷却水管道全地形机器人涵管检测等创新成果，攻克了方家山机组反应堆水池及乏燃料水池内高辐射环境下的设备状态检查和异物打捞、大型水池内的构筑物状况检查、高风险密闭空间进行安全性探测、人员不可直接抵达的管沟内进行探测检查等诸多特殊工况下的生产维修工作难点。针对格栅除污机故障频发、水下缺陷定位困难等问题，研发浑浊水域中可视化装置、高压水枪、遥操作平台，实现格栅除污机故障水下定位、水下处理，提高核电站对海水环境下异常工况的响应能力。

（四）装卸料机可靠性提升研究

方家山核电站装卸料机是中核工程研发的首台百万千瓦级全自动数控装卸料机，在运行期间发生了很多故障，其中还多次导致换料操作中断、水池排水等后果。方家山各相关专业人员通力合作、协同创新，通过对国产化装卸料机性能及经验反馈进行分析，建立故障数据库，再进行理论分析及模拟验证，在机械结构和电控系统两个方面分别开展相应的研究，建立了三维动态模型进行模拟仿真，最终实现了对装卸料机机械及控制系统的优化设计，提升了方家山装卸料机性能指标及设备可靠性。

从周恩来总理亲自确定728核电工程已经过去了50年，在秦山核电安全发电30周年即将来到之际，2020年秦山核电基地交出了9台机组中的8台机组WANO综合评分满分排名并列世界第一的靓丽成绩单。深厚的核电文化底蕴，不断创新进取的秦山精神，练就了一支能驾驭多堆型运行和管理的专业领域人才队伍和管理队伍，形成了一套成熟完整的安全生产运行管理体系和支持保障体系，为秦山核电不断创新登高提供了保证。

8

创新是秦山核电生命活力的源泉

创新是企业发展的灵魂，是秦山核电实现卓越的不竭动力。秦山核电健全创新机制，以“目标和问题”为导向，形成立项、审查、实施、成果孵化、申报、推广应用的一体化管理创新运作。持续优化公司管理创新流程、考核和奖励机制，加快成果转化，将管理创新落到实处，打造创新主体协同互动，创新要素顺畅流动，创新资源高效配置的良好生态。公司领导以身作则，全面思考企业管理要素，对于企业的发展战略、发展模式做出关键决策，创新实践“争取跑一次、最多退一次”理念，推进开展“五个一”品牌建设，即最多退一次、最多跑一次、最多跑一地、综合查一次、综合签一次。营造开放包容的创新环境，让每一位员工享受到创新管理的成果，激发员工认同感、凝聚力、创造力。

秦山核电倡导事事创新，开展一年一度管理创新大赛，集中展现管理新办法、新途径、新思想，是公司提升管理水平、实现高质量发展的重要环节，也是吸引和培养创新人才的舞台，主创人展开激烈的角逐，创新人才脱颖而出。秦山核电鼓励人人创新，每年开展金点子合理化建议评比，人人都可以微创新，每一位员工在最普通的事务性工作中，提出有效小改善、小发明、小创意等，提高了工作效率，落实了人性化管理。

一、多堆型核电机组群堆运营管理

创新是企业生存意识、危机意识、发展意识的集中体现。2011年前，秦山地区三家核电公司都是独立的法人实体，各自承担着核电厂的运营，由于缺乏统一的标准，各自制订了一套不尽相同的管理体系、流程和信息平台，即便是秦山三家核电厂相互毗邻，有价值的运行经验和信息也不能得到及时有效的交流和沟通。对于核电厂的共性技术问题，各核电厂都在独立开展工作，资源分散，低水平的重复建设，使得秦山地区专业技术能力难以得到有效提高。核电的快速发展，对核电人才需求急剧增加，秦山地区连续多年向外输出有经验的核电人员，自身队伍中的人才遭到稀释，人才不足的问题逐步暴露出来。时代在变，秦山核电基地原有运行机制已不适应核电的快速发展，转型升级是必由之路。

改革意味着阵痛、风险，但改革也意味勇气、责任和发展。秦山人没有坐等观望，而是主动转型，加快升级，从管理理念、制度、方法、机制上进行了一系列创新。根据中核集团“集团化运作、专业化经营”的总体思路，以及改革的总体部署，秦山核电基地于2011年开展了核电运行专业化改革，成立了中核核电运行管理有限公司，负责秦山地区9台机组的调试和运行。中核运行借鉴国内外核电管理的先进经验，根据秦山地区的实际情况，建立了一套“领域管理+生产单元管理”的模式，按照“资源集约化、技术专业化、运行标准化和管理精益化”的要求，深入推进专业化改革。

（一）资源整合

成立业主公司和中核运行，将产权、经营权和管理使用权分开。业主公司负责秦山地区核电厂的经营管理。中核运行负责受托核电厂的发电及相关业务，并接受业主公司的监督。非生产直接相关资源先行整合，实现培训、采购、环境应急和行政后勤等“四大统一”。建立“领域管理模式”，将公司现有管理职能划分为八个领域，领域及部门职能根据“专业化”“执行、支持及监督职能分离”以及“单点责任”的原则进行界定，组织机构按照“公司—处室—科室”三级进行“扁平化”设置，“领域管理模式”的要求具体落实到每一份流程和管理程序中。

（二）运行管理标准化

通过生产早会、日计划会和管理晚会布置每日生产运行工作，实现对生产单元日常生产运行的管控，逐步实现生产运行管理工作规范化和标准化：即统一平台、统一模板、统一要素和统一流程。开发机组健康指标体系，明确管理期望值，完善指标评价流程，监测机组运行管理过程中的弱项和问题，提升机组安全可靠运行，为秦山核电基地群堆管理提供了有力支撑。

（三）大修一体化管理

建立多机组的大修管理模式，对9台机组的大修工作实现一体化管理。以管理提升和绩效考核为抓手，完善大修项目制运作。导入共性管理，建立标准大修预防性维修数据库和参考计划库，优化和统一大修各个环节，包括组织管理、安全管理、质量管理、进度管理、成本管理、绩效管理、承包商管理等多个方面，提升大修业绩和核心能力。

（四）提升设备可靠性

建立设备管理组织体系，公司成立设备管理委员会和设备工程师网络，明确设备管理责任。建立包括15个专业200余名专家的设备管理专家库，打造横向技术交流平台。建立设备基础数据库、动态数据库，自主开发了标准系统代码和标准设备代码，完成了9台机组设备分类、分级，打破了机组差异和设备差异的壁垒。建立设备数据共享平台，解决不同堆型电站设备管理标准化的问题，大大缩短新机组预防性维修优化的进程。

（五）核安全文化建设

深入宣贯核安全理念，将“做一名有高度责任心的核电工作者”作为公司的核安全文化价值理念，向公司基层员工传递公司管理期望，开展了以“上援下推”为推进原则、以“干部带头做安全的表率，广大员工积极参与、群策群力，共保安全”为主题思想的专项活动，有力推进了公司安全文化建设。

（六）信息标准化建设

建立信息项目管理和系统运维体系，完成信息系统整合规划，确定了24个标准信息系统清单；以中国核电人财物一体化管理系统（ERP系统）上线为契机，梳理管理流程，实现了从生产前端到计划、合同再到财务的一体化管理，促进了人财物管理业务的标准化。中国核电企业内容管理系统（ECM系统）的投用，实现了对共性文件和个性文件的统一管理。推进中国核电生产运行管理系统（EAM系统）应用，实现各核电厂生产活动流程的标准化管理。建立标准化的网络运维规范和网络架构，确定信息安全策略。

（七）人才队伍管理机制

通过干部队伍优化和员工队伍优化两条主线，优化公司人才队伍结构和人员配置结构，提升人员匹配度和员工队伍活力，开展人才梯队建设和后备干部人才库建设，为公司发展战略的实施以及中国核电的发展培养和储备人才。开展组织机构优化和职责梳理，对外科学规划人员引进与输出，对内建立多渠道人员调配方式，在确保安全生产正常秩序的前提下实现员工合理流动，组织开展晋升选拔，为优秀员工提供发展空间，促进人才健康成长。

秦山核电专业化改革，形成了具有秦山特色的“领域+生产单元”的管理模式，促进了不同堆型管理人员的相互流动，实现了共性和个性的有机结合，既使多堆型之间的良好实践共享互通，又使各堆型的个性方面保持了“高精尖”的特点，创造了优良的运行业绩和良好的经济效益。

二、秦山核电“五个一”品牌建设，助力公司高质量发展

2020年，为打造服务型政府，浙江省最早提出“最多跑一次”改革，每一个浙江人都能感受到政府改革所带来的深刻变化，这也触发了秦山核电未来管理思路的变革。针对流程回退率高、办公地点分散、业务整合度不高等问题，秦山核电总经理牵头，对生产和经营一线开展调查研究，与基层职工座谈交流，收集梳理员工提出的难点、痛点，全面分析短板、弱项，制定系统解决方案，首次提出了独具秦山特色的“五个一”建设方案。

“五个一”是指最多退一次、最多跑一次、最多跑一地、综合查一次、综合签一次。“五个一”是运用系统思维、统筹谋划，通过一地办、网上办、一站式、一体化、一次性等理念以及“明、合、简”（明确标

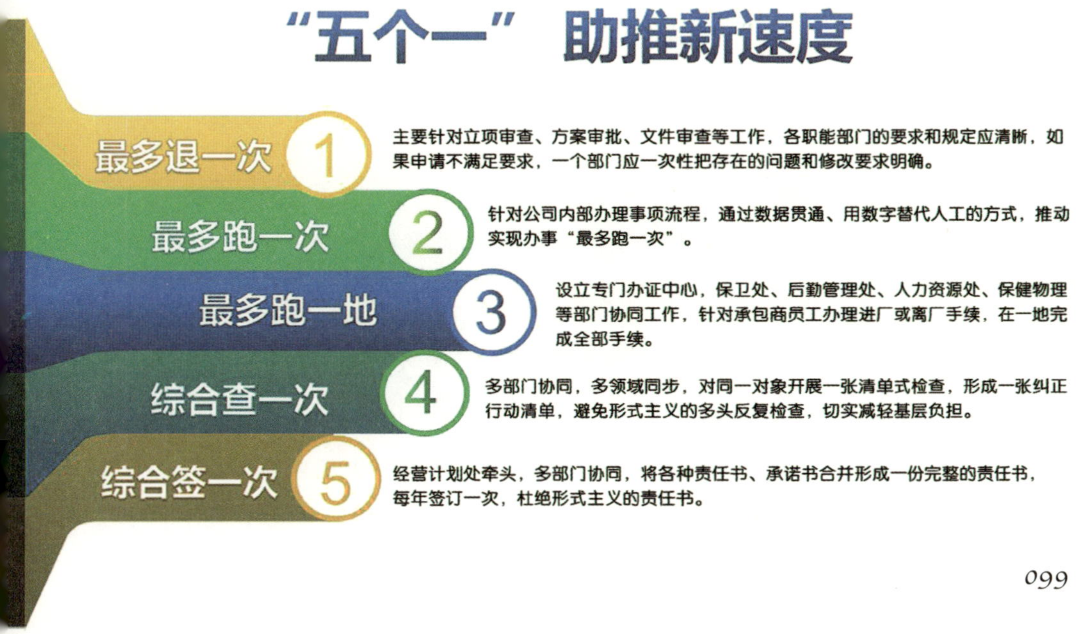

准、流程合并、环节简化）等方式，最终实现减负增效，提高工作效率。“五个一”需要多部门协同，多领域同步，深入解决经营管理“最后一公里”问题，为基层提供优质服务，提高员工的满意度及幸福感。

（一）最多退一次，提升审批效率

因合规要求的动态变化，或者细节标准不明，常常引发业务审批回退率高的问题，秦山核电全面梳理业务接口，精简办事申请材料，明确审批标准，业务审批部门必须将业务相关的原则和标准用简洁、清晰、无歧义的语言描述清楚，避免审查标准因人而异；借助信息化手段自动提示填写信息，避免填报人反复查询制度或电话咨询；针对复杂的流程，从用户角度出发，编写典型模板，着力解决部门间办事多次跑、多头跑、时间长、环节多、签字烦等问题。

（二）最多跑一次，减轻人员负担

打破信息孤岛、实现数据共享是实现“最多跑一次”突破的关键环节。“iWeiXiu日常维修数字化管理系统”以解决维修管理的痛点为出发点，将核电厂内所有与维修业务、行为、数据相关的系统实现融合，减少多种系统造成的数据归类、梳理问题，实现从各个系统找数据到1个系统看所有数据的转变，建立维修数据和信息的可视化、集中化数字管理模式，从人治管理转变为数字型管理。

（三）最多跑一地，打造一站式服务

让客户一到秦山核电就能充分感受到“最多跑一地”改革的温度。秦山核电设立综合服务中心/联勤警务室，主要办理公安综合业务、厂区出入证业务、厂区一卡通业务、辐射防护授权业务以及政务自助业务。投用前，承包商人员进厂需到派出所、公司6个部门（保卫、环应、后勤、人力资源、培训、保健物理）办理手续，耗时至少11个工作日，总计跑7个地方、约50公里，填写6个审批流程，手续完成需耗时约10个工作日。

综合服务中心投用后，资源集聚、人员集中、手段集成、运作集约，实现服务中心一地办理，最多用时0.5个工作日、走0公里、持1单即可完成，大幅缩短承包商人员进出厂手续办理时间，提升工作效率，减轻承包商人员和业务部门职工负担，为秦山核电安全生产提供有力保障。

（四）综合查一次，织密大“监督网络”

从管理角度看，质保体系审查、内控评价、三体系/两化融合管理评审、专项风险审查、全面风险评估、廉洁风险防控、纪检监督、监察等是促进企业高效运转的基础工作，也是企业合规发展的内在需求，每一项检查（评审/审查）都必不可少。优化前，每一项检查都分别进行，对同一迎检部门意味着重复准备、配合、解释、整改，时间精力投入大，效率低。为此，秦山核电组织相关部门分析各项检查的内容、特点、安排、组织形式等，并就时间进度、工作范围、组织形式、业务渠道等方面进行整合，确定“综合查一次”路径：不同检查部门紧密协作，梳理各自审查项目，将数次检查合为一次，切实减轻迎检部门负担，同时确保检查内容不变、力度不减、要求不松、成效不降。

（五）综合签一次，进一步明晰岗位职责

秦山核电各类责任书往年采取分开签署的方式，耗时长、重复签字多导致效率低下，而且浪费大量人力物力。为推进“综合签一次”，秦山核电对各类责任书、承诺书进行收集、梳理及评估，对绩效考核责任书模板进行优化完善，在确保内容不变、要求不降、责任不变的前提下，责任书由400份大幅缩减至80份左右，重复签字次数由最多70次缩减至20次左右，不仅节省了大量宝贵时间，也减少了工作接口环节，节约人力物力，岗位责任更加清晰。

一花独放不是春，百花齐放春满园。“五个一”品牌建设发启于简政放权，发展于技术应用，着力于流程优化，服务于员工需求，其蕴含的先进理念、科学方法、优良作风，在秦山核电更多领域得到复制和应用。

“五个一”品牌建设已转化成一种理念，代表着“提质增效”“为基层减负”和“高质量发展”，裂变效应持续放大，创新举措、创新模式如雨后春笋般涌现，秦山人续写“国之光荣”新篇章。

9 基于“两基础一架构”的数字化管理转型

一、夯实数据基础，助力公司数字转型

（一）数据基础的现状

秦山核电自投入运营以来，信息化持续推行，特别是2013年以来，中国核电生产运行管理系统（EAM系统）与中国核电人财物一体化管理系统（ERP系统）的上线，信息化水平大幅度提升。与此同时，借助信息系统产生了大量的记录数据，分布在不同的信息系统中，总体估算有50多个信息系统，涉及业务流程上千个。这些信息系统在建设过程中，基本都是按照当时业务要求，不同系统形成了不同标准的数据标准，各系统间的数据无法自由流通，且不清楚各个系统中到底有多少数据量，存在什么样的数据质量问题，负责质量问题的责任部门也不清楚。

（二）数据基础工作的思路

数据基础工作的核心目标是建立公司的数据资产，以及如何有效管理和利用，从分散平铺的单信息系统建设转入由公司战略主导的纵深整合建设阶段，建立一整套有效的数据架构治理体系，其核心内容是解决数据资产在哪产生、谁来产生、怎么产生、怎么保管、怎么利用的问题。

为了实现上述目标，需要在公司内建立数据架构管理能力、通过专项逐步建立数据架构的方法和机制、清理数据资产、整合数据服务、管控架构变更和数据资产变化，同时开展大范围的数据治理工作，逐步识别各系统的数据对象清单，建立数据元模型，梳理各数据对象的数据标准，发布主数据的应用规范等。

（三）数据基础工作的成果

信息系统的盘点：对所有业务流程进行了数据梳理，识别出57个在用信息系统，业务体1617个，其中存在共性或公用关系的业务体199个，25个共性业务体组。

秦山核电业务特征值清单：本次专项工作针对57个在用信息系统实施了业务数据梳理，共识别出业务特征值24582个，其中编码类业务特征值3151个，有取值规范（业务配置）要求的业务特征值3899个，已识别出的业务特征值的引用关系1264个。

秦山核电信息系统间业务体关联关系图：基于梳理出来的共性业务体组清单，绘制了信息系统间的业务体关联关系图。

规范发布：发布了《IT-QS-140.100业务数据模型编制规范》《IT-QS-140.101业务数据标准编制规范》。

数据标准、数据模型梳理与发布：数据模型方面，生产领域发布了5个，人力资源领域发布了6个，物料主题发布了1个；数据标准方面，生产领域发布了18个，人力资源领域发布了20个，物料领域发布了15个。

二、网络基础设施现代化，构建安全可靠网络环境

信息化是一个企业迈向现代化的显著标志之一，网络基础设施现代化便是企业信息化底层的最有力支撑条件。秦山核电发展建设30年来，网络技术和网络基础设施的不断发展，也给其信息化带来了深刻的影响。

如今，新一代秦山核电管理网络基础设施的规划设计实施遵循“多

样化、智能化、高可靠、强安全、可兼容”五大原则，不断向自动化、智能化方向演进。目前秦山核电已通过5G多接入边缘计算技术使厂前区实现内网的5G网络全覆盖，未来在中国核电统一方案架构的指引下，5G内网将继续覆盖生产厂房内部区域。在移动网络技术的支撑下，物联网网络应用取得了进一步发展，智能物流柜、无人仓储、实体保卫控制、应急清点等应用在网络基础设施的支持和智慧核电厂规划下多点开花，大放异彩。基于流媒体的视频专网建设，实现了生产厂房现场实时监控，电子围栏系统、人员行为识别系统和工业安全视频分析系统使工业安全监督智能化迈上崭新的台阶。多样化的融合网络架构方案有力支持了传统终端、移动终端、办公平板、视频会议、物联网设备、智能摄像、数据采集设备等多样化网络中断的无障碍接入，能够适应多种场景下秦山生产办公网络业务发展需要。

在网络安全技术应用上，秦山核电网络基础设施遵循国家网络安全等级保护基本要求，同时参考最佳实践情况，通过持续评估风险，动态调整网络安全策略，实现内网可信接入，用户接入位置可控、用户接入位置可管。网络各部分的模块化设计使网络安全态势感知平台根据威胁检测模型，对全网信息流、威胁日志的大数据进行AI分析，加强了各网络域之间边界与网络接入安全管控，构建网络安全体系，有效保障网络运行的安全性。

IPv6的兼容性已经纳入新一代秦山核电网络架构规划中来，40G骨干网络带宽的提升可有效满足IPv6演进和大规模化发展的要求。构建基于IPv6网络环境基础架构既符合整体国家网络战略政策，也使得秦山核电的网络迈向下一代打下了坚实的基础。

由此可见，秦山核电的信息网络基础设施必然向着更加自动化、智能化和以支撑大规模数据中心和用户为目的的方向不断发展前进。企业的数字化转型带来的挑战和机遇，将使得秦山核电的网络以智慧核电厂、大数据中心的面貌面向信息新时代。

三、业务流程架构顶层设计，优化公司管理体系

基于公司战略发展，围绕公司主营业务对信息化相关业务架构、应用架构、数据架构和技术架构四部分进行总体设计。构建信息管理体系，全面依托两化融合管理体系，推进信息化建设，打造安全可靠的信息化平台，现已建成涵盖核电生产运营的八大标准信息系统，成为实现企业战略目标、业务整合、快速沟通，为高层领导决策提供依据的有效保障。

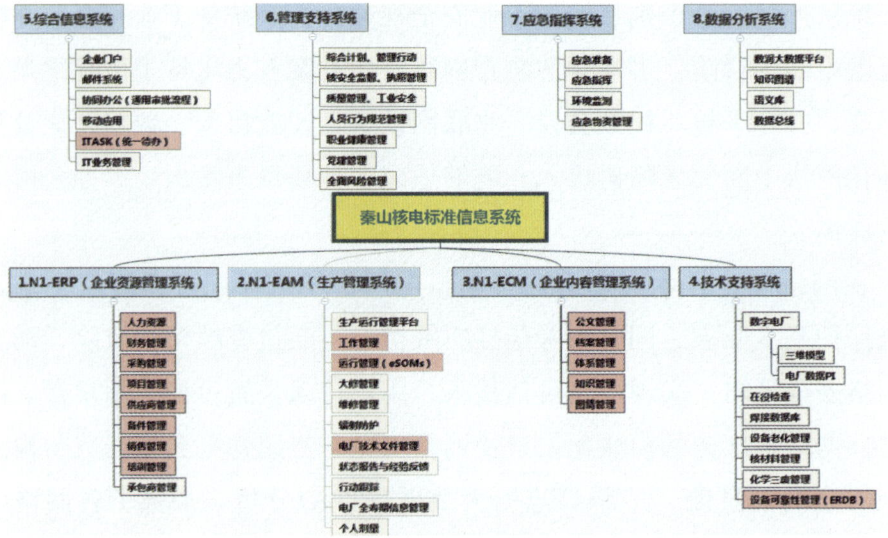

图为秦山核电标准信息系统

通过信息系统固化、规范和整合业务流程信息，实现信息的全生命周期管理，推动数字化转型。目前公司已实现数字化业务流程共计324支，包括主干流程为工作控制管理流程（从预维/缺陷到工单归档）、人力资源管理流程（从招聘入职至离职退休）、资金管理流程（从预算到成本归结）及其他支干流程，全面覆盖公司生产经营各个领域。通过数据化流程积累知识，建立流程风控能力等，促进公司管理更加敏捷，为业务赋能，提高组织协同及管理精细化水平。

秦山核电在30年的核电建设和运营过程中，积累了丰富的核电信息

化建设与运维经验，开发出一系列适用于核电厂各阶段的信息化架构和应用系统；拥有20年信息化建设经验，具备一整套IT解决方案及实施经验。从公司"一体两翼"战略出发，信息化建设在保障公司9台机组安全、稳定、环保、经济运行的基础上，响应公司对外服务发展战略，开展信息业务对外服务工作。

四、打造秦山核电智慧核电厂生态体系

智慧核电厂是秦山核电信息化"十四五"规划的重要工作之一，是在当前核电行业自动化控制与数字化管理基础上充分挖掘和利用核电厂数据资源，谋求机组安全运行更加可靠、设备控制更加自主、生产管理更加智能、风险决策更加智慧的新型核电厂管理模式。

秦山核电智慧核电厂分为智慧运行、智慧维修、智慧安全、智慧设备、智慧经营、智慧采购仓储6个核心要素。

智慧运行聚焦核电厂运行部门的现场监控、运行操作绩效提升、事故辅助决策以及自动化水平提升。打通DCS远程监盘、现场巡检、状态评估等核电厂运行的信息壁垒，通过对巡检信息、报告信息、运行规程的数字化，打破各系统界限，实现数据的共享和集中、功能的搭配和延伸，建立强大高效的核电厂运行控制功能。

智慧维修基于核电厂的机组大修和日常维修工作，通过整合厂内各类系统数据信息，利用信息化技术及设备，建立维修现场工作全过程管控模型，将维修工作人、机、料、法、环的集成管理，实现用数据监控维修工作的各个环节的开展，用数据持续提升维修管理水平，极大地提升了维修全体人员的工作效率和工作效果。同时依托公司基础数据建立工单成本模型，对维修成本优化进行有效支撑。

智慧安全以核电厂安全行政管理、安全风险管理、安全行为管理、安全隐患管理、辐射防护最优化管理、废物最小化管理以及承包商安全管

理为最终目标。通过搭建统一的工业安全管理平台，实现与状态报告、工单、人员信息、承包商信息等外部数据的贯通，同时将人脸识别、动作识别、智能定位等人工智能技术与安全标准数据库相结合，充分实现“人机料法环”的关联和互通，综合评估安全性指标，预防风险，实现智能管控。

智慧设备是一套标准规范、流程严谨、执行高效的智慧化平台，它由数字化备件管理和设备管理中心构成，是秦山核电践行数字化管理创新的重要内容，通过横向协同，纵向贯通，实现了设备相关信息集成、共享和高效利用。通过强化设备数据的规范、业务管理的标准，构建覆盖秦山核电设备管理全层级、全业务、全过程的智慧平台。

智慧经营由智慧厂区、智慧营销和综合绩效管理组成。智慧厂区通过整合厂内各类资源，建立厂区智慧管控模型，实现楼宇管理、门禁管理、考勤管理、交通管理、保卫消防管理一体化管控平台；智慧营销构建以售电管理及电力市场交易为服务对象的智慧营销管控平台；综合绩效管理依托流程绩效，建立“五个一”的考核体制，构建“全岗位、全业务流程”的绩效管理体系，形成规范的绩效考核体系。

智慧采购仓储包括智慧合同、智慧仓储、承包商绩效评价。智慧合同通过合同要素的大数据管理，实现合同智慧编写，并进行全流程自动管控和评价；智慧仓储建立公司仓储分级管控，搭建存取自动化、操作简便化的全自动无人仓储，并实现自动配送；承包商效能评价通过合同的全流程管理，以承包商管理平台为主体，实现对承包商的绩效评价并建立供货商的评价体系。

秦山核电运用最新的“云大物移智”技术，结合核电厂实际，以智慧应用为目标，逐步实现电力流、信息流、业务流的高度融合统一，最终形成管控一体化的智慧核电厂。

五、秦山核电数字化产品

（一）设备数据贯通

以设备为核心维度的数据贯通应用，加强知识传递，包含了设备管理页面和工业5G APP，将设备数据与文件、图片等数据关联。实现了EAM、管理支持、ERP、机组文件系统、中国核电企业内容管理系统（ECM系统）等多系统的数据资源集成展示。相比现有业务，完成25个功能点优化，31个数据模型开发，12个页面展示，4张新报表，3个新接口，实现了快捷业务办理6项。设备数据贯通平台建立一套标准化数据管理体系，提高了设备管理能力，解决了设备工程师等业务人员在设备数据查找、设备数据维护时，面临多系统、多页面，以及不同步、有断点等问题，提高了设备与备件基础数据管理能力。

（二）一键授权

信息系统一键授权委托平台解决了人员外出授权需在ERP、EAM机组文件、ECM、管理支持、应急人员管理、生产运行6个系统单独委托的重复操作，实现了外出委托可在该平台上的一次性操作，达到了繁冗工作简单化的目的。一键授权委托平台上线前，用户需在6个独立系统中逐一授权，而每个系统的授权界面都存在差异，且个别系统的授权界面还隐藏得比较深，用户不易查找，操作不仅浪费时间，还容易造成授权遗漏。而一键授权委托平台却将整个授权界面的全部信息直观地展示给用户，用户可根据所要授权的具体系统，进行简单明了的操作，大大提高了用户体验度和工作效率。

（三）经验反馈大数据

为实现秦山核电经验反馈精准查询、经验反馈数据深度挖掘利用，通过大数据精准搜索引擎及建设的核电语义词库实现了经验反馈高效查询，通过智能推送模块，实现了经验反馈数据的深度挖掘与利用。

经验反馈大数据平台的建立，解决了经验反馈、JIT、缺陷报告、完工报告等数据分散且利用率极低的现状，通过有效利用这些数据资源，让其转化为越来越有价值的企业资产，提升机组生产安全。

（四）智慧文档iDoc

借鉴“互联网+”操作思维模式，开展文档集约化、关联化、可视化管理实践，探索文档数据关联能力、文档服务能力建设，提升文档服务品质。研发智慧文档管理，引入OCR技术、数字水印技术、数据分析技术、海量数据存储技术、全文检索技术、智能标签技术、智能推荐技术和知识图谱技术，实现文档快速查找和智能推送功能，实现ECM、iDoc等文档数据的互联互通。

（五）iWeiXiu

秦山核电iWeiXiu日常维修数字化管理系统，是秦山核电维修领域对数字维修进行探索的具体实践，是核电维修管理模式的一次创新转型，是一种维修管理提升的场景化解决方案。它极大地提升了维修全体人员的工作效率和工作效果，通过创新引入触摸大屏作为每个基层班组的管理载体，引入工作积分、维修绩效作为员工的正向激励模式，引入可视化的数字班组全面管理理念作为班组和团队管理新模式，颠覆了传统的维修活动场景和模式，打造了一个核电维修管理数字化转型的优秀示范方案，一个生产企业基层管理数字化转型的创新型管理模式。

维修人员正在使用iWeiXiu召开早会

（六）数字门禁

通过人脸识别AI技术、健康码大数据结合应用，替代人工测温、查验健康码的传统操作，积极探索与嘉兴政务网健康码数据的共享对接，实现了人员健康码数据的互联互通，同时也是嘉兴地区首个实现健康码互通的企业单位。不断地进行优化，从基于钉钉App版本切换成秦山核电管理内网环境，从读取支付宝健康码切换成与政务网健康码互联，全面考虑数据安全、网络安全，形成了一套适用于核电厂的数字化疫情防控的先进管理手段及良好实践。

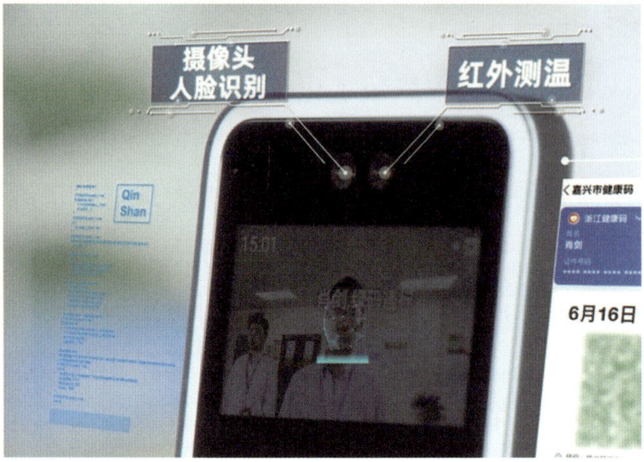

（七）秦山核电语义库

语义库是语言学研究的基础资源，也是经验主义语言研究方法的主要资源，它是人工智能应用的基础。

建设核工业语义库，形成核特有语义库标准。结合智慧文档、物资知识图谱和经验反馈大数据等应用实际需求，构建核电领域专业词典。传统的词典在对领域文本处理上具有一定的局限性，领域词典的出现在一定程度上满足了这个要求，它是特定领域特有的术语和表达方式的集合，包含了这一领域内的信息、概念等元素。其中的元素都是从相关的语义中抽取提炼，能够反应某个具体领域特征的术语或词汇，领域词典方便行业内信息的集成和共享。

10

绿色发展　守护蓝天碧水 助推碳中和目标实现

人类通过燃烧化石燃料取暖、发电、驱动机车，提高生产效率。然而燃烧此类物质产生了大量的二氧化碳，并伴随排放二氧化硫和氮氧化物；大量二氧化碳集聚于大气层产生的温室效应已经使地球逐渐变暖，冰山融化，海平面上升，严重危及人类生存空间；而二氧化硫、氮氧化物等有毒有害气体使空气酸化，形成酸雨，不仅污染大气，同时污染土壤，人类的生存环境遭受严重破坏。事实上人类已经站在了保持发展和维持生存两难的境地。全球急需减少温室气体及有毒有害气体排放，以缓解气候变化，遏制恶化趋势。

统计显示，消耗化石燃料的重头行业是火力发电，燃烧煤炭、矿物油、天然气获取电能。火力发电在我国电能行业占比在80%以上，其中燃煤电厂及产能份额占据绝对多数。因此逐步改变电能结构，稳步提高水电、核能、光伏、风能产电份额是大势所趋，也是应对气候恶化所应采取的有效措施。

一、零碳排放，应对气候恶化

核能发电是通过原子核受控裂变或聚变（当前主要是重核裂变），放出大量热能来加热水，产生蒸汽，其后推动汽轮机发电，原理与火力

发电相似；电能质量也与此相当。这里重核裂变产热典型的是诸如铀-235这类原子核捕获热中子后分裂成两个质量基本相当的中等质量原子核，伴随着放出大量的热和2～3个快中子（用于触发其他重核原子核后续裂变）。因此从本质上讲，这是一个物理反应过程，而不是燃烧化石燃料消耗氧气的化学反应过程。重核裂变产热过程没有碳、硫、氮、氧等原子参与，因此核能发电无温室气体排放，不产生二氧化硫、氮氧化物等污染气体，几乎不存在导致气候变化的因素。正是核裂变产热方式独特，使核能发电对环境、气候的影响产生质的变化，总体上呈现环境友好性。

秦山基地选择核动力民用作为发展方向，以核能发电为主业，于20世纪80年代中期开始建设核电厂，经过30年的探索研究、引进吸收，完成了原型堆核电机组到商用核电机组的飞跃，实现了单台核电机组30万千瓦到100万千瓦电功率的跨越，年发电量超过500亿千瓦时。秦山核电于1991年12月15日实现中国大陆首台核电机组并网发电(电功率30万千瓦)，后续60万千瓦核电机组、70万千瓦核电机组、百万千瓦核电机组相继投入商业运行。自此连续安全、稳定运行，总发电量先后突破5000亿千瓦时（2018年4月）、6000亿千瓦时（2020年3月），到运行30周年时总发电量达到6900亿千瓦时。按等比燃煤电厂计算，秦山核电为国家节省2.18亿吨标准煤，减排6.53亿吨二氧化碳、346.81万吨二氧化硫。保护

大气环境，秦山核电在应对气候恶化的道路上迈出了成功的一步。

当然核能发电展现其环境友好性是有前提条件的，那就是确保核安全。秦山核电始终秉持“核安全是核电厂的生命线”价值理念，技术上采取纵深防御，管理上安全保守决策，理念上深植核安全文化，确保核能发电行稳致远，为实现“碳达峰、碳中和”国家战略目标作贡献。

二、水土保持与生态恢复，护美绿水青山

秦山核电基地自1985年3月20日首台30万千瓦核电机组开工建设至2015年2月12日最后一台百万千瓦核电机组投入商运，历时30年，分5期建成9台核电机组。对于每一期核电工程的建设，秦山核电均注重水土保持，工程末期投入专款进行生态恢复。如秦山二期扩建项目的水土保持和生态恢复就投入巨大。

秦山核电二期扩建工程水土保持从设计开始进行合理布局，各项水土流失防治指标达到了国家二级防治标准。工程建设过程中，建设单位实施了拦挡工程、防洪排导工程、土地整治、植被恢复等水土保持措施。实际完成抛石混凝土12 939.44立方米，混凝土6257.45立方米，浆砌石328.50立方米，雨水暗管排水6425米，土地整治12.40公顷，其中扰动土

地整治率99.38%，水土流失总治理度98.75%，土壤流失控制比1.25，拦渣率99.90%；植物措施面积5.031公顷，其中乔木2011株，灌木122041株，植草4.20公顷，林草植被恢复率99.8%，林草覆盖率20.85%。各项水土保持设施运行正常，发挥了较好的水土保持功效。

公司高度重视水土保持工作，切实履行水土保持法律、法规义务，在项目实施过程中落实水土保持方案及批复文件要求，不打折扣，完成了水土流失预防和治理任务，水土流失防治指标达到了水土保持方案确定的目标值。

水土保持和区域生态恢复工作不仅仅局限于核电工程建造阶段，核电厂运行阶段也会根据需要不断进行完善和美化。

登上观景平台，一眼望去，秦山南北坡绿树成荫，郁郁葱葱，候鸟群起翱翔；9座反应堆安全壳平地耸立，点缀其间，形成了一道独特风景线。秦山核电建设过程中水土保持和运行后的生态恢复成效显著，秦山变得更绿、更靓丽。

三、放射性废物最小化，不给子孙后代增加太多负担

核电运行会不断产生固体核废物，对其后续处理至关重要。处理不好会使核电的环境友好性黯然失色，从而阻碍核电发展。秦山核电高度重视固体核废物的产生和处置。

（一）优化管理

明确放射性废物最小化组织机构，制定最小化工作程序。每年制订年度放射性废物产生量指标，明确责任部门，并逐步推进指标的细化工作。建立废物处理处置文档和数据库，全过程跟踪废物流，掌握废物产生量趋势。加强员工培训，使员工熟悉工艺过程、重视废物最小化、提高安全文化素养；采取相应的激励手段，激励员工的废物最小化意识，使得废物最小化指标能够更好地落实。

（二）源项控制

保证机组安全稳定运行，减少和避免非计划停堆。通过材料替代减少主系统的活化产物，通过控制主系统的水化学，减少主系统的腐蚀产物。通过合理的运行控制方式，加强监督，减少主系统水的泄漏，减少系统疏水次数，进而减少废水产生量。通过及时清除集水坑和废水收集罐中的淤积物，防止淤积物进入系统堵塞过滤器，减少废滤芯的产生量。控制放射性技术废物在维修工作过程中的产生量，以保持在合理可行的最低限度。合理控制现场使用的辐射防护用品，减少技术废物的产生量。

（三）清洁解控和循环利用

2011年经国家核安全局批准，秦山核电建立蒸汽发生器排污系统废树脂清洁解控流程，截至2020年，共解控APG树脂700多立方米。2014年国家核安全局批准，秦山核电建立报废空气过滤器金属框架清洁解控流程，截至2020年，秦山核电共解控通风过滤器框架100多吨。

2019年秦山核电研发了“金属框架可复用”的复用型空气过滤器，采用复用型空气过滤器可以有效降低金属放射性废物产生量，每年减少相应处置费用100多万元。

（四）减容处理

秦二厂浓缩液、废树脂水泥固化的包装容器从原有的C1型水泥桶变更为400升金属桶。浓缩液和废树脂废物产量将降低一半。方家山水泥固化配方改进，废树脂固化体积包容率、浓缩液包容率均有所提高。

废过滤器芯子根据表面剂量率水平进行分类优化处理，研发了高剂量率滤芯“一桶多芯”自动化装桶设备和低剂量率滤芯自动化拆解设备，方家山每年可以减少最终废物包17.2立方米。

通过技术和管理等废物最小化措施，实现了降低废物产量、循环再利用的“降本增效”目标，既具有绿色环保、节能减排的社会效益，又不给子孙后代增加太多负担。

四、流出物优化排放，合理可行减轻环境负担

核电运行产生的气态、液态核废物，在经过经济代价利益分析后，其中一部分将作为流出物向环境释放。优化排放就是要找到减轻环境负担和经济投入合理性的平衡点。

为了保护公众、保护环境，秦山核电放射性流出物实行排放申请许可制度。流出物排放浓度、排放量的控制均严格遵照《核动力厂环境辐射防护规定》（GB 6249）国家强制标准要求执行。为有效降低放射性流出物排放的活度浓度及排放总量，部分水尽可能在满足指标要求的前提下被复用，其他不能复用的流出物在收集到排放罐前或在排放过程中均得到有效处理。放射性废液按其来源、化学污染物水平及放射性活度水平的不同，分别予以收集和处理，且只有监测合格后才能输运到流出物排放罐。废液处理方式包括过滤、离子交换和蒸发；而放射性废气在通过烟囱排放到大气环境之前，除尽可能地贮存、衰变之外，均须通过预过滤器和高效过滤器以除去其中放射性气溶胶（粒子），必要时投运碘过滤器除碘。

秦山核电按照《核动力厂环境辐射防护规定》（GB 6249）第6.5条的要求，根据厂址的环境特征及放射性废物处理工艺技术水平，在核电厂设计排放源项、国内核电厂实际运行数据、国外核电厂运行经验以及国内已完成的相关研究工作的基础上，遵循可合理达到的尽量低原则，每隔5年向审管部门定期申请或复核放射性流出物的排放量。近十年来，秦山核电于2011年向审管部门申请了放射性流出物的排放量，2014年方家山核电厂投运重新提出申请。2016年秦山核电通过对各核电厂的优化分析再次申请放射性流出物排放量。2020年秦山第二核电厂、方家山核电厂全部进入长燃料循环运行，因此2021年秦山核电根据各核电厂运行工况重新对各核电厂排放进行了优化分析，并已向审管部门申请今后5年的放射

性流出物排放量。

为更好地对放射性流出物排放量进行控制管理，公司在审管部门批准的排放量控制值的基础上，制定比控制值更严格的放射性流出物排放管理目标值。实际运行中以此值进行控制。

秦山核电通过优化处理和排放控制等措施，历年来没有发生过超标排放及非计划排放的情况，所有排放指标均满足流出物管理相关要求，各生产单元相应机组的流出物年排放量均未超过公司当年优化后的管理目标值，且多数指标远低于NNSA批准的控制值，做到了合理可行减轻环境负担。

五、非放污染物管控，环境保护不留死角

核电厂除产生核废物外，也会产生少量的非放射性废物或污染物。管控好这些非放污染物是体现环境友好性的一部分。

（一）建立温排水测量体系

温排水是核电厂产生的废热随海水排入环境，后果是产生热污染，诱发生态失衡变化。作为核电厂重要的环境污染因子，温排水是生态环境监管部门重点关注的对象之一。

2018年秦山核电在核能发电行业率先完成一项技术改造，在核电厂取水口和排水口加装（海）水温度测量探头，5个取水口、6个排水口组网，建立起一套取、排水口温度测量系统，实时在线监测取水口和排水口温度，快速、直观掌握秦山核电各核电厂温排水的实际温升情况。同时有效落实环境保护主管部门关于取排水温度跟踪监测的监管要求。

本系统犹如一道预警装置，保证了秦山核电4个核电厂的温排水对周围海域的影响符合国家法律法规要求。

除此之外，秦山核电建立起“近岸海域温排水影响遥感监测”定期调查机制，每隔5～8年进行一次。2016年，秦山核电委托核工业航测遥感中心开展了秦山核电近岸海域温排水影响的遥感监测，调查掌握了秦山

核电9台机组运行后，温排水对周围海域影响的程度和范围。

以热红外遥感技术为主要技术手段，采用以航空遥感为主、航天遥感为辅、海面实测为补充的调查方式，本次遥感监测开展了夏、冬两季16个不同潮汐状况下秦山地区温排水温升范围遥感调查。遥感监测获得了1 ℃和4 ℃温升线的范围，并与秦山海域环境功能区进行对比，秦山核电温排水所引起的1 ℃温升区域远小于秦山海域环境功能区范围，秦山核电温排水对邻近海域的影响小。

（二）开展入海排污整治工作

浙江省作为习近平总书记“两山理论”的发源地，环境保护工作更是走在全国前列。秦山核电在行业内率先开展入海排污整治专项工作。第一步，建成入海排污在线监测系统；第二步，实现入海排污雨污废水分离，达到浙江省《城镇污水处理厂主要水污染物排放标准》（DB 33/2169-2018）排放标准。

2018年12月，入海排污在线监测系统建成投运，实现在公司内网查看相应的监测数据，同时监测数据实时上传至海盐县环保监控平台，全天

候监视、监控污染物排放指标。开发的移动终端超标报警系统，实现了24小时预警，确保入海排污达标排放。

秦山核电入海入河排污口整治项目是积极落实生态环境部和浙江省关于入海排污口规范化整治要求的重要举措，秦山核电有能力有决心按时完成入海入河排污整治专项工作，力争将项目建设成为优质工程，率先为国内核电企业树立良好的环境保护形象。

（三）开展厂界噪声环境监测

秦山核电每季度定期对厂界周边12个监测点开展昼间和夜间测量，执行国家标准《工业企业厂界环境噪声排放标准》（GB 12348）3类限值。开展厂界噪声环境监测可以指引企业噪声排放的管理、评价及控制。多年来，秦山核电厂界噪声未出现过超标现象。

（四）助推公司固体废物管理提升

秦山核电作为有社会责任感的企业，积极控制污染物排放总量，改善近岸海域海水质量，优化秦山周围空气环境质量，控制好厂区周边噪声，提升公司固体废物管理，形成覆盖水、气、声、固废的立体化管控体系，确保环境保护不留死角。

六、流出物和环境监测，从源头全天候监视环境变化趋势

核电厂运行期间会不断产生放射性废料，而其中的气态、液态物质分别以气态流出物、液态流出物形式向环境排放，但排放前需要进行监测，这就是从排放源头所做的流出物监测。气、液态流出物排入环境后，会在某些场合以特定的方式浓集，对人、动植物和环境产生可察觉的影响。调查这种影响就是环境监测的任务。

（一）建设中国合格评定国家认可委（CNAS）认可的国家实验室

秦山核电从事流出物和辐射环境监测的机构包括化学和流出物检测

中心、环境检测实验室两个实体，分别负责流出物监测及辐射环境监测。

流出物实验室分布于秦山核电4个厂区，有4个实验室场所。4个实验室场所分批次通过CNAS认可，2020年全部通过CNAS评审认可。该实验室具有完备的流出物检测技术能力，主要检测对象是核电厂的气态、液态流出物。

环境检测实验室坐落于海盐县武原镇，距离秦山核电基地约8千米，2017年通过CNAS评审认可。该实验室具有完善的环境辐射检测技术能力，检测对象是低辐射水平的环境样品。

流出物实验室与环境检测实验室运行管理遵循CNAS准则，满足国际一致认同标准，与国际接轨，检测结果国际间互认。

（二）辐射监测实施

依据GB 6249、GB 8999、GB 11217、HJ 61等国家、行业标准，秦山核电制定环境辐射监测大纲、流出物监测大纲及其程序文件和相应的操作规程。依据大纲和执行程序，化学处和环境应急处分别开展各核电厂的流出物监测、秦山基地50千米范围内的环境辐射监测。

秦山核电流出物监测分为在线辐射监测和实验室（离线）监测。在线辐射监测系统作为工艺系统的一部分，对烟囱排放实施连续监测，在液态流出物排放期间实施持续监测。对该系统设备有相应的运行、维护、试验和报警规程来保证其正常运行。放射性流出物离线监测通过对烟囱或液体排放罐的定期或连续取样，在流出物实验室完成样品的分析检测，实现放射性排放的源头控制。

秦山基地环境辐射监测陆地取样半径50千米，重点在30千米以内，海洋取样半径为10千米，重点在2千米以内。对大气、生物、土壤、水介质样品实施有计划的采集、实验室处理，由环境检测实验室完成分析测试。

对环境辐射剂量率的监测主要通过环境γ剂量率连续监测系统实现。在距秦山基地半径10千米的区域范围内，共设置固定环境γ辐射连续监测站14个，构建了一套环境 γ 连续监测系统。该系统具有 γ 剂量率高值异常报警和 γ 剂量率瞬间变化报警，能提供早期预警；固定监测点的布设确保了陆域各方位角至少有一个连续监测站点，对电厂向陆地释放的放射性监测形成全面覆盖。辐射探测器量程范围10 nGy/h ~ 1 Gy/h，实行24小时不间断监测，常规环境监测与应急环境监测相兼容；监测结果通过无线、有线互为备用传输方式构成的冗余传输体系实时传送至应急控制中心。系统可在失去所有外部电源叠加有线通信瘫痪工况下，维持至少72小时连续测量，监测系统中央站设置在应急控制中心，可确保持续稳定地接收各监测站点的实时数据，实现对环境的全天候监视。

秦山核电已稳健地走过了30个年头，多维度展现了环境友好性魅力。放眼未来，秦山核电发展清洁能源、绿色能源脚步不停，谋划再造一个秦山，推动能源结构变革，应对全球气候恶化，践行“绿水青山就是金山银山”理念。

11

人才优先　自主发展
夯实我国核电事业发展第一资源保障基础

发展是第一要务，人才是第一资源，创新是第一动力。回想过去的30多年，秦山核电秉承周恩来总理“掌握技术、积累经验、培养人才”的项目建设初衷，从创业初期的人才匮乏，到自力更生、艰苦奋斗，培养出中国大陆第一批35名核电操纵员，再到中国科学院院士欧阳予、中国工程院院士叶奇蓁、“中华技能大奖”获得者“工人院士”何少华、“钱三强科技奖”获得者张振华，以及陆续培养出的数以万计的技术技能人才和对外输送的2500多名核电人才。这一切，是秦山核电人拼搏30年所取得的伟大成就，秦山核电成为我国核电行业的人才摇篮。

一、加强“修身”立本，践行核电建设自主发展，核电人才自主培养

20世纪80年代，我国建设核电站有两大亟待解决的关键问题，一是，国家百事待兴、百业待举，人才极度匮乏，建设核电站相关的专业人才几乎不可能从社会上找到。二是，秦山核电站是我国核工业第二次创业的开始、大陆核电的开篇之作，没有经验可供借鉴，一切都是摸着石头过河，给组织管理、计划安排、现场施工过程控制带来极大考验。这正如

1982年带领我国第一批核电站建设者进驻海盐、担任秦山核电厂第一任厂长的于洪福所说“当时可以说是两眼一抹黑。”30万千瓦压水堆核电站是一项具有开创性、技术难关密集的重大工程项目，设计十分复杂。中国科学院院士、秦山核电站总设计师欧阳予带领设计团队，先后排出了380多项科研试验项目，组织进行了一次又一次实验、分析论证和设计研究，解决了一项又一项技术难题，精心设计出秦山核电站的设计图纸。就是在艰苦的工作环境中，老一批的核电建设者披荆斩棘、艰苦奋斗，努力克服各种困难挑战，进行着核电站最初的规划设计和建设工作。

1985年3月20日，中国大陆第一座自行设计、建造并运行管理的核电站——秦山核电站开工建设，正式开启了我国大陆核电的伟大事业和伟大工程。20世纪80年代的秦山核电基地，各类人员交叉施工作业，施工现场红旗飘扬，突击队的旗帜随处可见，俨然进行着一场核电站建设大会战。渐渐地，在日积月累中，秦山核电的初创过程培养产生了我国大陆最早的一批核电站工程建设人才队伍，他们架构起秦山核电最原始的工程技术力量。紧接着，在核电站设备调试阶段，以钱剑秋为代表的老一辈核电人凭借着在核反应堆和常规电厂的经验，边摸索边试探，一步一个脚印，一步一个台阶，逐渐建立和完善了调试组织机构、管理制度及调试大纲，组织编写了一整套既吸收国外经验又有中国特色的500万字的秦山核电调试工作操作规程和生产管理制度。最终，在没有一名外国专家指导的情况下，秦山核电出色地完成了核电站251项调试任务，取得了6项重大试验的一次成功，调试水平达到了国际水平，有些试验项目还达到了国际先进水平。就这样，凭借着惊人的毅力和实干的精神，我国大陆第一批核电调试和运行人才队伍应运而生。

1991年12月15日，这是一个激动人心的日子，秦山核电站在经过六年零9个月的建设后，最终顺利并网发电，结束了中国大陆无核电的历史，真正实现了“零”的突破，是当之无愧的“国之光荣”，为我国国际地位的提升贡献了积极力量。时势造就人才，秦山核电30万千瓦机组的建成和并网发电，形成了一整套成熟完整的安全生产运行管理体系的同时，更“孵化”出了我国大陆最早的一批设计、建造、管理和运行人才队伍，第一批35名核电操纵员就是其中的典型代表，他们为秦山核电的蓬勃发展奠定了坚实的人才基础，更为我国核电事业的发展积蓄了宝贵的技术力量，成为核电界各领域的领军人物。

二、走稳“齐家”之路，秉承人才强企理念，三十而立创造辉煌成就

秦山一期30万千瓦机组是原型堆，也是示范堆，它的建成证明了我国是可以进行核电站设计建造、运行管理的，同时更积累了大量宝贵的核电站建设经验，培养了一大批人才队伍，为秦山二期、秦山三期、方家山核电机组的陆续建成提供了坚实的人才保障。

秦山核电现有9台机组，即秦山“九子”。如果说“长子”30万千瓦机组的建设，为秦山核电人自身“修炼”和成就自我打造了坚实基础，那么秦山二期4台60万千瓦机组、秦山三期2台70万千瓦机组和方家山2台百万千瓦机组“八子”的建设成功就是秦山核电人历时30年的伟大“齐家”杰作。

秦山二期工程是我国自主设计、自主建造、自主管理和自主运营的核电项目，也是“九五”期间开工建设的我国唯一国产化商用核电站。与国外引进的核电站建设不同，秦山二期走的是一条核电国产化道路，践行的是核电技术“消化、吸收、再创新”的国家战略。中国工程院院士、著名核动力专家彭士禄任秦山二期核电站首任董事长，在秦山二期首次实行“业主负责制、招议标制、工程监理制”，在工程建设期间严格执行制度控制、质量控制和投资控制，他计算了核电站的主参数，编制了计划与投资，得到了中央的认可和支持。中国工程院院士叶奇蓁主持完成了秦山二期的工程设计。1996年，秦山核电人正式开工建设秦山二期；经过十多

年的努力，2011年，4台机组全部建成投产。秦山核电二期工程的建设成功，表明我国核电具备了自主知识产权，实现了60万千瓦级核电技术、装备国产化的重大跨越，探索形成了一套符合中国国情的工程管理制度。有人说“中国大陆核电重大设备国产化和首台制造基本都是在秦山实现的”，这句话非常贴切，正是秦山二期的建造成功倒逼了我国核电重型装备的研制生产，更为我国培养了一大批掌握核电设备关键核心技术的专家人才。

作为“中加合作的成功典范”，秦山三期重水堆核电项目于1998年正式开工建设，以“总工期短、投资省”的出色成果，实现了我国核电建设管理与国际接轨。作为一个直接从国外引进的核电技术，秦山三期前期的难点不在于技术是否能够落地，而是在于商务合同和技术谈判工作。在对重水堆技术尚不十分了解的背景下，时任秦山第三核电厂厂长的姚启明硬是拉起了一支强有力的谈判队伍，在“摸爬滚打”中完成了一次又一次的商务和技术较量，在国际舞台上展现出了秦山核电人百折不挠、不卑不亢的精神。2003年秦山三期建设完成，5年的核电建设再次考验了技术、

中国大陆首批核电操纵员

磨练了队伍，同时又培养了一大批新型核电技术人才。

方家山2台百万千瓦机组建设成功，实现了中核集团“自主三十万到百万的跨越”。项目于2008年正式启动，在当时，秦山核电无论是人才队伍还是经验积累都已经达到一定高度，底蕴深厚，可以说技术上不存在问题。作为秦山一期的扩建工程，方家山核电于2015年正式竣工。这一次，是时隔20多年对秦山核电人的再练兵，同时培养造就了核电新星，大批后起之秀正式走上历史舞台。

现如今，秦山核电通过深化改革合并为一家核电专业化公司，经过几年的运作，公司9台机组运行业绩良好，标准化、规范化建设成效显著，建立了一整套全方位、多层次、多角度的人才培养体系和五通道职业发展体系，配备了先进丰富的培训设施设备资源，建有功能齐备的技能培训中心，面积超1万平方米，拥有专兼职教员830名，开发完成适用于多种堆型的5台全范围模拟机，为人才成长搭建了更为科学、更为专业的广阔平台。新时期，立足“三新一高”，秦山核电“人才强企”已然踏上新的征程。

三、怀揣“治国”理想，坚定“走出去”战略，我国核电事业百花齐放

从1985年秦山一期开工建设，到2015年方家山核电竣工，是整整30年；从1991年秦山一期并网发电，到2021年建党百年，也是整整30年。三十而立，秦山核电从一文不名变为我国核电事业伟大工程奇迹，从一穷二白变为拥有几千人体量的核电专业人才队伍，从两手空空变为拥有一套完整的安全生产运行和支持保障体系，最终积淀成为我国核电发展最宝贵的物质和精神财富。

穷则独善其身，达则兼济天下。立足秦山，放眼全国，为了支持我国核电事业的蓬勃发展，秦山核电人坚持“走出去”战略，义无反顾走在

了支援国家核电建设的最前沿。如今，在全国各个核电站，我们都能看到秦山核电人的身影。在秦山之外，大家喜欢称呼其为“老秦人”。这个“老”不是对年龄的描述，而是对秦山人的一种尊称和对秦山核电的怀念与留恋。

据不完全统计，30多年来，秦山核电充分发挥老基地作用，全力做好“导师带徒”，培养了数以万计的高层次技术技能人才队伍，共累计向外输送2500多名技术骨干，其中包括近100名核电站的高层管理人员和200多名操纵人员，为我国核电事业的蓬勃发展作出了应有的贡献。正是因为有了“老秦人”的向外输送，才搭建起了各个新核电基地最初始的人才体系架构。在各核电站，“老秦人”们充分发挥着自己的一技之长，在工程建设、设备调试、运行维修中展现着自己的技术力量，在“导师带徒”中培养着一代代技术新人，为我国核电事业发展延续香火。

放眼当下，全国的核电建设可谓多点开花，项目遍及浙江、江苏、福建、海南、辽宁等多省份，这是“老秦人”的人才力量，是秦山30年人才积累的爆发与突破。近年，秦山地区年均向全国其他核电项目输送各类人才近百人，是核电行业名副其实的“老母鸡”，秦山核电作为“我国核电人才培养基地”的名号经久不衰。进入新时期，在民族复兴的康庄大道上，在“碳达峰碳中和”的大背景下，紧跟我国核电战略发展规划，“老秦人”的走出去必将更加大有可为。

在这里，不得不提到一个海外项目——巴基斯坦核电项目。秦山一期发电不久，我国就与巴基斯坦签署了核电出口协议，在秦山核电人的帮助下，恰希玛核电项目顺利走上发展快轨。在完成恰希玛4台机组的建设后，现如今卡拉奇核电也在如火如荼建设中。海外项目的顺利建成，是秦山核电人走出国门、扬我国威的重要体现，也是秦山核电培养海外核电建设人才力量的重要历程。

四、心系“天下”情怀，坚持健康可持续发展，做好新时期楷模标兵

文化载道、润泽万物。30多年来，秦山人敢为天下先、敢闯敢试，啃下了不少“硬骨头”、闯过了不少急流险滩。伴随着改革开放的步伐，秦山核电实现了从“零”的突破到重大跨越，从艰难起步到核电自主化成功实践，从“融合发展”到“走出去”先锋，从“国之光荣”到新时代核电发展示范。然而，秦山核电的“中国梦”、秦山核电人的“天下”情怀并未终于此，势必要向着更高更强的远大目标前进，成就更绚烂的辉煌。

人才是企业发展的关键，通过一系列开辟先河、勇于突破的人才培养等举措，秦山核电人才成果显著。历经30年发展后的今天，秦山核电拥有运行、维修、技术等多领域专业技术人才3200余人，技能人才300余人，经营管理人才500余人，本科及以上学历员工占比近90%。公司现有“中华技能大奖”1人，“全国技术能手”7人，“全国优秀科技工作者”1人，“中央企业技术能手”3人，中央企业“百名杰出工匠”1人，浙江省“万人计划”高技能领军人才1人，“浙江工匠”5人，“中核集团首席技师”3人，“中核集团技术能手”5人，“国防科技工业技术能手”1人，省部属企事业“能工巧匠”5人，“嘉兴首席技师”1人，共有12人分别入选国防科工委“511”和中核集团“111”人才工程。作为中核集团“核特有职业技能人才培养实训基地”，秦山核电获批“国家技能人才培育突出贡献单位”。

物尽其用，人尽其才。公司充分发挥人才作用，确保机组安全生产的同时，全面发力、多点开花，取得一个又一个突破，不断刷新着秦山人自己创下的纪录。安全生产方面，机组各项指标持续向好向优，发电量逐年上升，2020年8台机组WANO指标世界排名并列第一，在世界核电发展史上写下辉煌灿烂的一笔，值得每一个中国核电人骄傲与自豪。2021年，秦山核电30万千瓦机组运行许可证获准延续，示范意义重大，填补

了技术空白，再次成为“我国大陆首座”，这是秦山人自主攻坚、自主发展的又一伟大杰作。科研和技术成果方面，目前公司共拥有知识产权700余项，其中发明专利90余项，实用新型专利500余项；科技成果500余项，其中成果鉴定70多项；国际标准2项，国家标准2项，行业标准20余项。为了更进一步发挥人才作用，深层次挖掘人才潜力，秦山核电目前建立了以高层次技术技能人才挂帅的大师工作室、专业中心20余个，覆盖运行、维修、燃料、技术、安质等多个领域。当前，公司现有院士工作站1个，国家级工作室1个、浙江省重点工作室2个、海盐县重点工作室1个，工作室在专项攻关、解决公司瓶颈问题的同时，也培养出了一批高水平技术技能人才队伍。

秦山核电30多年的发展壮大，印证着我国核电事业的成长史。从引进、消化、吸收国外核电技术，到推动国产核电技术走出国门，秦山核电为我国优化能源结构、节能减排、促进经济发展、社会发展贡献着自己的力量。30年的积累、30年的沉淀，30年的艰苦奋斗、30年的铸就辉煌，所有这些成绩和成就的取得，靠的是几代秦山人敢于担当、敢于实践、敢于突破的伟大精神，靠的是逆水行舟、逆境拼搏、逆流直上的伟大勇气，靠的是长风破浪、长驱直入、长久不衰的伟大志向。30多年后的今天，秦山人高举习近平新时代中国特色社会主义思想伟大旗帜，面对新时代、新形势、新机遇，立足“三新一高”，上下一心，用集体的智慧，共同谋划秦山核电未来发展！

“刀在石上磨、人在事上练”。未来，永葆秦山核电人才基业长青，要积极探索开发新模式、新措施、新方法，全面激发人才活力、创新力，促进人才更好发挥作用，充分实现人才价值、战略目标与科技创新之间的有机匹配，推动秦山核电发展成为国家核电人才培养的标杆，充当新时期引领“全天下”核电人才培养的楷模标兵，为我国核电乃至世界核电事业发展提供坚实的人才资源保障。

12

发展企地融合　共创和谐社会

一、企地协调共同建设“中国核电城”，打造“产城融合”全国样本

长期以来，秦山核电坚持企地融合发展理念，巩固和完善秦山核电与海盐县政府、企业高层联席会议机制、产业发展支持机制、信息共享机制、日常协调机制、主任联席会议制度等沟通渠道。从2009年3月开始，秦山核电与海盐县用“中国核电城”模式，打造“产城融合”全国样本。

（一）共同提出

秦山核电与海盐县委、县政府在多次沟通后，共同组建“中国核电城建设领导小组”。每年多次联合召集中国核电城建设领导小组成员参加筹备会议，共同编制《中国核电城概念规划》。同时，秦山核电及时向中国核电、中核集团汇报，积极争取上级的支持和更高层级的全面合作。

2010年3月8日，中核集团与浙江省人民政府在北京举行“战略合作会谈纪要签字仪式”，明确双方共同在海盐建设“中国核电城”。时任中核集团总经理孙勤和领导班子全体成员，时任浙江省委书记赵洪祝、省长吕祖善和省有关部门、嘉兴市政府及海盐县委主要领导出席签约仪式，孙勤和吕祖善代表双方签字。中核集团与浙江省政府共同建设“中国核电

城”的举措，在中国国际核工业展览会上，受到时任国务院副总理张德江、国务委员马凯的充分肯定。

（二）共同规划

秦山核电与海盐规划的中国核电城总体定位为“一城三区”，立足核电关联产业发展的良好基础和比较优势，结合地方区域功能和城市特色。

核电科技城。着眼于服务全国核电建设和运营管理，重点发展高技术核电服务业，积极培育高端核电装备制造业，创建国家级高技术产业基地，不断扩大区域影响力与辐射力，成为国内领先、国际一流的核电科技城。

国内核电服务核心区。构筑高水平产业发展平台，重点引进国内与核电产业相关的院、所及大企业，集聚发展高技术含量、高附加值的核电服务业，成为我国核电及关联产业高水平发展的重要核心。

国内核电辅助设备制造集聚区。加快培养和引进核电设备制造企业，着力在核电辅助设备领域形成竞争优势，提升核电设备制造业整体水平，成为国内重要的核电辅助设备基地。

国内核能安全利用示范区。加强核电安全生产和运行管理，开展核技术应用研究和产业化，发展核电文化旅游，成为国内核能安全利用示范区。

按照《中国核电城规划》，以核电生产区、核电运行服务区、核电生活区、核电科教商务区、核电装备产业区，与地方相互支撑。产城融合，形成了以县城为中心、以核电为特色的130平方千米沿海“核”“城”融合产业带：核电生产区，依托已经建成的秦山核电厂、秦山第二核电厂、秦山第三核电厂、方家山核电工程，重点确保核电站安全运行，积极发展核电文化旅游和核农业观光旅游，实现核电生产、生态和谐发展；核电运行服务区，重点集聚核电运行服务相关企业或机构，承担

中核集团沿海核电站运行服务职能；核电生活区，重点完善生活配套设施和综合办公服务配套设施，营造核电文化氛围；核电科教商务区，重点发展核电教育、研发、总部管理等高端核电服务业，成为集聚国内核电高端服务业的重要区块，为海盐县中心城市功能完善提供重要支撑；核电装备产业区，重点发展核电设备制造业，成为国内新兴的核电装备生产基地。

（三）共同推进

从2008年开始，秦山核电连续14年助力海盐县在中国国际核工业展览会上设立中国核电城展台，为海盐县核电关联企业向世界展示产品和服务提供世界级的大平台。同时，举办的“海盐县核电关联产业投资说明会”，也邀请国家领导人来展台参观指导。从2011年开始，海盐县在北京举办“中国核电城建设工作汇报会”，秦山核电邀请核电系统的领导、院士和专家参会，大力推荐中国核电城。

2012年6月28日，“海盐·中国核电城”举行“奠基仪式”，时任中核集团副总经理俞培根、浙江省发改委副主任李岩益、浙江省能源局副局长金毅、中国核电副总经理张涛和秦山核电及海盐县主要领导到场参加，一起见证了秦山核电与海盐地方的携手并进。同时浙江省发改委发布《中国核电城规划》，中国核电城正式纳入浙江省战略性新兴产业版图。在同时举行的中国核电城2012项目集中签约仪式上，核电关联产业有10个投资项目签约，总投资约33亿元。

（四）共同建设

在核电装备产业区，秦山核电与海盐县政府牵线搭桥引进多家企业落户。目前核电关联及核技术应用企业已入驻95家，投资总额约291亿元。

在核电运行服务区，占地面积1.9万平方米、总建筑面积2.57万平方米、布展面积8300平方米、投资2.55亿元、被核电业界称誉的“亚洲最大核电科技馆”，于2017年9月正式开馆。在核电科技馆项目的带动下，核动力运行研究所海盐分部等16家涉及核电设计、运行管理、技术调试等领域的核电服务企业，先后落户。2012年10月，中国原子能科学研究院投资15亿元，在海盐成立“秦山核电环保技术研发中心”。2013年12月，中核机械工程公司正式落户成立。2014年9月，建设“中法核电关联产业园”，成功引进世界500强企业——阿海珐在这里设立核电服务公司。后续还将有一系列相关产业落户于此。

为加快中国核电城框架网络建设，秦山核电与海盐县政府共同出资打造南北走向的城市主干道——秦山大道。道路全长9.36千米，采用二级公路设计标准，路基宽度19.5米。中国核电城另一条南北主干道——武袁公路，是海盐县城连接嘉绍高速公路袁花枢纽的重要公路，总投资为14.5亿元。这两条城市主干道的建成，启动并拉开了中国核电城建设的序幕。

二、实现共同发展、共同富裕、共同繁荣，共同建设“核谐福地”

秦山核电作为国家重大工程项目投资近千亿元，项目建成投产后社会效益优势不断释放。据不完全统计，秦山核电已累计依法纳税478亿元，形成地方财税收入101亿元。缴纳教育费附加14亿元，城建税15亿元，支持地方经济建设超过1.2亿元，支持社会事业超过6000万元。这既带动了海盐县经济社会各项事业的发展，又有力地携手海盐县共建“核谐福地”。海盐县先后荣获“国家园林县城”“国家卫生县城”“第六届全国文明城市”等称号。秦山核电也于2020年11月被授予“第六届全国文明单位”称号。

（一）城建上的带动

仅2004至2020年期间，秦山核电就累计缴纳城建税14.8亿元，加快推动了海盐县道路交通、城市建设、生态环境等方面的基础设施建设，城区面积已经拓展到12.74平方千米。

（二）产业上的联动

核电产业关联度高，涉及上下游数十个行业，具有极强的孵化效应。秦山核电充分发挥核电产业龙头作用，用自身优势有效带动地方产业转型升级，成立核电关联产业联盟，作为联盟理事长单位带领91家企业抱团发展、错位发展、关联发展，共同发展核电关联产业。目前，联盟拥有1个国家技能大师工作室、1个省级院士工作站、19家省市级研发中心；2家企业取得“核级生产制造资质证书”，7家企业入围“中核集团供应商名录”，40家企业获得“非核级供应商”资格；6家企业赢得上市融资新渠道。2020年海盐县核电关联产业总产值达291亿元。

（三）经济上的驱动

核电企业已经成为海盐县最大的经济支柱，带动了当地社会经济的全面发展。海盐县从1980年工业产值只有2.4亿元到2019年（规模以上）工业产值已达1001亿元。2020年地区生产总值545亿元，其中核电116亿元，占比21%；一般公共财政预算收入58亿元，其中核电16.8亿元，占比29%。

（四）人文上的互动

秦山核电职工和家属共约1.3万人，约占县城常住人口的11%。中级职称，秦山核电1800人，占比30%；高级职称，秦山核电540多人，占比60%。这些来自全国各地的科技人员，催生了海盐文化的多样性，提升了海盐整体人口素质，丰富了海盐“大气如海，淳朴似盐”的精神，进一步提高了知名度和美誉度。

（五）社会事业上的推动

秦山核电站已经累计缴纳教育费附加12.63亿元，未来每年还将上缴教育费附加1亿多元。数目可观的教育费附加专款用于海盐教育事业，城乡学校旧貌换新颜，成为海盐县亮丽的“金名片”。海盐县也成为全国第一个义务教育发展基本均衡县，全省首批基本实现教育现代化县。

三、发挥核电独有优势资源引领产业集聚，以产业融合推动企地深度融合发展，共建“核谐邻喜”典范

40年来，秦山核电与海盐地方共同经历了“三级跳”——与“核”结缘、依“核”发展、谋“核”腾飞。秦山核电用“核”情，发“核”力，与海盐县共同打造了核电站周边友邻“核谐邻喜”的示范样本。

（一）在共建中增进共识

秦山核电整个建设期，在选址期间遇到美国三哩岛核事故、在秦山一期建设时期遇到前苏联切尔诺贝利核事故、在秦山一期扩建（方家山）期间遇到日本福岛核事故。面对国际上三次重大核事故，秦山核电与海盐县政府不断完善与公众沟通的方法，针对不同时期、不同对象，分别采用自发式沟通、立体式沟通和平等式沟通，作为化解“邻避”危机的基础性工作。例如，秦山核电委托海盐县核电办公室连续多年向核应急烟羽区每家每户免费赠送年画年历，在年历上重点告知国家环境保护部的网址和中核集团的网址，引导公众查看网站上公布的秦山核电厂周围环境空气质量数据，让核电周边公众可以通过正确的官网及时查询秦山核电厂周围的实时数据信息，稳定公众情绪。在日本福岛核事故发生以后，据海盐网络舆情信息反映，当年3~5月，发布核电相关主题帖54个，引发网民回帖1372个，累计点击94 636次。秦山核电与海盐县共同设立核安全信息发布平台和发言人，及时发布相关信息，迅速印发上万册核应急及核安全宣传资料、举办20多次核安全讲座，避免各种谣言的传播。

秦山核电与海盐县共同开展科普进校园、进社区、进机关、进核电等活动。在8所学校共建核电科普教育基地，在社区共建100多个核电图书角，发放资料达10万余份；共同开展“核电走进海盐”“海盐对接核电”等系列活动，在互动中增进共识、消除隔阂。到目前为止，约20万

人“十类重点人群”得到了核电科普知识教育，近10万人走进秦山核电厂近距离了解、感受核电。共同投资2.5亿元兴建的全亚洲最大核电科技馆，截至目前接待公众累计近18万人次。

（二）在共建中实现共赢

2006年新年伊始，时任浙江省委书记习近平同志来到海盐县视察指导，要求海盐（包括秦山核电）各项工作“走在前列，当好示范”。15年来，秦山核电与海盐县干部群众牢记“三个示范”的嘱托，努力探索实践中国核电和谐发展“邻喜”蓝本。经过十多年的努力，秦山核电于2020年11月被授予“第六届全国文明单位”称号，海盐县被授予“第六届文明城市”称号，公司董事长和海盐县委书记还受到习近平总书记的亲切接见。2021年6月，中共中央、国务院《关于支持浙江高质量发展建设共同富裕示范区的意见》，又指明了秦山核电和海盐地方未来发展的战略方向。

（三）在共建中深化共融

1. 以“核”“城”融合理念打造“邻喜”样本

中国核电城缘起海盐“由核而生”，也一定会蓄势待发“因核而盛”。按照《中国核电城规划》，以核电生产区、核电运行服务区、核电生活区、核电科教商务区、核电装备产业区与海盐县城相互支撑，产城融合，建成后将形成以县城为中心、以核电为特色的130平方千米沿海“核”“城”融合产业带，将打造中国核电重点项目和谐建设的海盐“邻喜”样本。对秦山核电来说，要继续帮助海盐建设“核谐福地”，让秦山核电与海盐人民同步共同富裕，永远“核谐邻喜”。

2. 以命运共同体的战略铸就“邻喜”百年辉煌

从核电项目（基地）开始规划到退役，要经历100年左右的时间。其中，规划选址审批10年，建设10年（以6台机组计），运行60年，延寿10年，退役治理10年。在这百年历程中，核电业主公司需要与所在地方政府同呼吸共命运。秦山核电与地方经济社会已然成为共同体，同心共建、守望相助。秦山核电充分发挥资源优势，组建核电专家服务团，实施核电科技特派员制度，就近发挥秦山核电2000多位中高级技术人员作用，走进核电关联企业“零距离”帮助开展科技研发。同时建立“清华大学研究生社会实践基地”“中国原子能科学研究院秦山分部”等，引进核电产业人才。目前，在秦山核电的带动下，海盐县已先后引进国家千人计划1人，培育省级千人计划1人，创建国家级技能工作室1家，省级企业研究院2家，博士后工作站2家，省级院士工作站1个，省（市）级研发中心19个。以命运共同体的战略，以百年战略思维，打造核电关联产业的“百年老厂”，造就核电公众沟通的“百年拥核人”。

在百年复兴、核能强国的重大发展战略中，秦山核电将紧扣“建设共同富裕示范区”主题，积极拓展核能项目“核谐邻喜”示范样本的秦山路径，加强企地融合发展，努力共创和谐社会，为中华民族伟大复兴和中国核能安全、高效、可持续发展，继续走在前列，当好示范。

打造企地融合零碳排放“全国样板”，秦山核电与海盐签署战略合作协议

13

走绿色发展之路　履央企担当之责

2020年9月，受国家核安全局委托，中国核能行业协会对秦山核电开展了为期5天的核安全文化评估。评估结果表明，秦山核电主动承担社会责任，积极参与地方建设、疫情防控和扶贫工作，获得地方政府的高度认可，构建了和谐共生的邻里关系以及积极践行“安全第一”的安全承诺。

30多年来，秦山核电在党中央和国务院的领导下，在各方的大力支持下，牢记嘱托、不忘初心，在实现自身核电事业从无到有、由小到大、自弱到强的同时，以央企责任担当助推社会和谐发展。

一、中国核电“红船”，引领核电发展

秦山核电是中国核电的起航地，是中国核电的“红色根脉”和“红船”。

1970年2月8日，周恩来总理在听取关于上海缺电情况的汇报时指出，从长远来看，要解决上海和华东地区用电问题，要靠核电。1974年3月31日，周总理指出，建设第一个核电站的目的不仅在于发电，更重要的是通过这座核电站的研究、设计、建设、运行，培训人员，积累经验，为今后的发展打好基础。

在党中央和国务院的领导下，在各方的大力协作支持下，1985年3月

30日秦山核电站正式开工建设。在“白手起家”的局面下，历经6年多的筚路蓝缕，艰苦奋斗，1991年12月15日，自主设计建造的中国大陆第一座30万千瓦核电站成功并网发电，结束了中国大陆无核电的历史，实现了核电“零”的突破，使中国成为继美国、英国、法国、俄罗斯、加拿大、瑞典之后世界上第7个能够自行设计、建造核电站的国家。“中国核电从这里起步”“国之光荣”从此叫响，成为秦山核电的名片。

凭借“靠自己，不服输”的信念，秦山核电站走过了“自主设计、建造和运行”的实践，也由此迈出了关键的第一步。

历经30多年风雨磨练，秦山核电培养了一支经验丰富、梯次合理、能驾驭多堆型调试、运行、维修、经营等复合型人才队伍，成为全国核电人才的重要集聚地。秦山核电在职员工4000余人，本科及以上学历占比86.2%，高级职称占比38.4%；培养了2位院士、1位工人院士，输送高级管理人才近60人，为国内外核电企业输送2000多名技术骨干人才、17名省部级以上劳动模范。打造国家级大师工作室1个、院士工作站1个，同时为其他核电企业培训达2000余人次，其中包括巴基斯坦核电项目生产准备人员362人以及操纵员培训120余人次，为我国核电人才培养作出了重要贡献。

截至目前，秦山核电拥有各种专利735项，各类标准52项，生产的同位素钴-60全面替代进口并在抗击新冠疫情中再立新功，2020到2021年，秦山核电先后发布两项国际标准，实现历史性突破。

当前，积极贯彻落实“一带一路”倡议，以核电为龙头，大力实施核能全产业链“走出去”。“华龙一号”国际市场开发取得重大突破，引领我国三代核电技术“走出去”，中国核电从秦山核电起步，开启了“造船出海”的新时代，核电国际市场开发不断开拓。

二、清洁高效核能，守护绿水蓝天

绿色发展注重的是解决人与自然和谐问题。核电作为清洁能源，能够改善中国能源结构，是可以大规模替代化石能源的清洁高效低碳能源，可以助力国家早日实现碳达峰碳中和目标。

到2021年12月15日，秦山核电9台机组安全运行141.04堆·年，预计发电约6900亿千瓦时，减少排放二氧化碳6.53亿吨，相当于植树造林433.52个西湖面积。

为改善全省电力供给结构、推进长三角区域大气污染防治、助力浙江创建国家清洁能源示范省作出积极贡献。

“十三五”期间，海盐县空气优良率连续5年位列嘉兴市第一，连续4年荣获“美丽浙江建设优秀县”，成功创建“国家生态文明建设示范县”。

2021年1~6月，海盐县空气质量综合指数3.44，排名嘉兴市内并列第一，创“十四五”开门红。

全球主要候鸟迁徙路线有8条，其中有3条经过中国，分别是东亚—澳大利亚路线、黑海—地中海路线、东非—西亚路线。秦山核电所在的浙江海盐，地处浙北，是“东亚—澳大利亚”全球候鸟迁徙路线中重要一站，每年有大量候鸟经过秦山核电所在地，进行长途跋涉的大迁徙。

一直以来，秦山核电注重厂区环境综合整治，以2019年为例，秦山核电投入资金用于方家山核电厂后区、公司大门门区，秦二厂临建拆除区的绿化，为生物的多样性创造环境。

对环境非常挑剔的白鹭，每年成为这里的常客。现在，越来越多的白鹭来到核电厂厂区和周边的水域边觅食，厂区环境越来越优美。田间山间成群的白鹭与秦山核电及美丽乡村交相辉映成为一道美丽风景。

秦山核电围墙外面就有许多农民庭院，距离核岛最近的农户仅610米。这里建有千亩菜园、葡萄、草莓种植基地。核电厂旁边还有文溪坞、澉东村等“五味村”和“万奥农庄”等大型农场，这些农业观光旅游景点还是浙江省美丽乡村建设示范基地，每年有几十万上海、杭州和苏州等地的游客来此观光旅游。

秦山核电开展绿色生产，在保持原生态自然平衡基础上，实现与原生态的共生共融。

三、推动产业发展，促进装备制造业升级

秦山核电是我国核电事业的缩影。作为中国核电发展的“摇篮”和“红船”，30多年来，秦山核电从无到有、从小到大，全面建成9台机组，并出口巴基斯坦。在此基础上，我国核电掌握了自主三代核电技术“华龙一号”，实现了从“跟跑”“并跑”到“领跑”的历史跨越。中国核电技术走过了一条引进、消化吸收、再创新的辉煌历程，成为我国又一张亮丽的国家名片。

作为原型堆的秦山核电站，先后有18个部委参与决策、组织、协调管理，100多个科研单位参与，600多个制造厂家提供设备和材料，10多个施工单位承担施工任务；建立了22个重要试验装置，开展了400多项科研试验，国产设备占95%、进口设备占5%，15项非标主设备中有9项由国内自主制造。

核电与白鹭

秦山核电二期工程是“九五”期间开工建设的我国唯一一座国产化、自主化的商用核电站，国内核电装备制造业的产业化发展借此得到进一步推进。通过对核电站300多个系统、20多万台设备、上百万张设计图纸的研究、实践，取得包括核心技术在内的300多项技术创新和改进，其中55项关键设备中有47项基本实现国产化。通过建设，我国核电领域形成了自己的知识产权，自主建设费用仅为引进的三分之二，且核电站运行状态良好。

方家山核电项目是我国百万千瓦级核电机组自主化、国产化程度最高的核电站之一，实现了核电“从30万千瓦到100万千瓦”自主发展的历史跨越，设备综合国产化率达到80%，进一步推动了主泵、应急柴油机设备国产化，为百万千瓦核电机组总承包和整机出口积累了经验。

通过秦山核电的建设，发展壮大了一批为核电配套的装备和零部件生产企业，形成了以中国一重、中国二重和上重铸锻为产业龙头的大型铸锻件制造基地，以东方电气、上海电气和哈电集团为产业龙头的核电设备制造基地，以沈阳鼓风机集团、中核苏阀和大连大高阀门为代表的核级泵阀制造基地，核电装备制造能力达到国际先进水平。掌握了核岛和常规岛关键设备设计、制造的核心技术。国内核电装备制造业产品供应链已全面覆盖我国国内建设的各类核电堆型，后续三代核电工程项目设备国产化率均可达到85%以上，并形成了年产8~10台（套）三代核电设备供货能力。

近40年来，在秦山核电和其他核电项目的带动下，我国铀矿地质勘查及天然铀生产水平和能力有了较大提升；铀浓缩技术系统完成了技术升级换代；核电燃料元件制造产业不仅实现了国产化、系列化，能满足国内所有在役核电站高性能燃料组件的生产需求，为提高我国核电经济性创造了条件，而且为我国核燃料产业参与国际竞争，提供从核电建设到燃料元件保障等一揽子服务打下了基础。核反应堆研究设计水平也有了较大跨越，为我国核电自主发展，实现核电“走出去”发展战略提供了保障。

四、带动地方经济，促进企地共荣

秦山核电在实现自身核电事业从无到有、由小到大、自弱到强的同时，用实际行动践行习近平生态文明思想和乡村振兴战略，用安全、优秀业绩呵护绿水青山。海盐从当初以农业以及纺织、棉纱等轻工业为主的滨海小城，因为秦山核电的到来，历经了与“核”结缘、依“核”发展、谋“核”腾飞的“三级跳”。美丽乡村农家乐五味俱全，空气环境监测数据透明公开，关联产业抱团核电共同发展，长寿村健康老人快乐开怀。实现企地共融、和谐发展。经济拉动、社会推动、文明互动，携手打造浙江特色小镇，共建“核”谐福地。

经济拉动。秦山核电对海盐县经济增长的带动贡献，不仅仅体现在核电企业本身的产出和税收上，还体现在对当地核电关联产业的拉动上，以及依托核能行业的资源优势、名声优势，牵线搭桥，招商引资。很多涉核企业选择入驻核电小镇，得益于秦山核电的“穿针引线”。这些企业有

坚决打赢疫情防控阻击战，展示央企人的责任担当

中核集团下属中国核电工程公司华东分公司、中核武汉核电运行技术股份有限公司浙江分公司、中国原子能科学研究院秦山分部、中核机械工程公司、中核检修公司、中核二三东方公司、中核设备制造公司等，还有国际最大核能企业——法国法马通集团入驻。

建设中的中国核电城，不仅成为海盐县经济支柱产业，还被列为浙江省重点扶持的新兴产业。

社会推动。秦山核电每年向海盐缴纳的教育费附加高达1亿元，为海盐美丽校园的建设注入了强大的动力。海盐的学校软硬件设施完备，师资力量雄厚，教学条件良好。海盐县成为全国义务教育发展基本均衡县、全省首批基本实现教育现代化县。

秦山核电积极参与县域卫生应急体系建设，建立县核事故紧急医学救援中心，组建公共卫生事件应急处理小组，促进了海盐县卫生应急能力和水平快速提升。

2016年3月，秦山核电与海盐县人民政府签订合作框架协议，由秦山核电出资近5.6亿元，推进“武南线”“核秦线”“翁金线”等多条专用公路建设，不仅为核应急，还为海盐县的发展铺平了道路。

秦山核电出资2.5亿元，建成国内目前最大、公众体验最丰富、公众适用性最强、最具特色的核电科技馆，截至2021年中，接待社会公众超18万人。

2020年初，在得知海盐县新冠疫情防控一线医疗物资紧缺时，秦山核电先后捐赠防护服8600套、口罩15 000个，为海盐县疫情防控解了燃眉之急。

文明互动。秦山核电在追求安全高效发展的同时，积极融入地方经济社会发展，主动承担企业社会责任，成为公众科普、国家重大项目建设与地方经济社会和谐发展的范本和风向标。

秦山核电长期坚持与周边村镇文明结对、携手共建。不仅持续投入经费，还积极组织活动，帮扶困难群众。秦山核电把精准帮扶对象设定为核电站周边困难家庭。发动各党（总）支部认领30户困难家庭进行结对帮扶，每年组织两次及以上慰问，平时与结对家庭保持联系，开展常态化了解帮助。秦山核电这一暖人心的举动，加强了与周边社区的联系，加深了彼此的了解和信任。开创村企结对典范，携手共同发展。

此外，秦山核电各级组织经常与地方中小学校、敬老院以及乡村开展精神文明结对活动，定期关怀困难学生、街道敬老院孤寡老人，推进精神文明共建。

2020年海盐县成功入选“中国工业百强县”。2020年，秦山核电与海盐县分别荣获“全国文明单位”和“全国文明城市”，并双双受到习近平总书记亲切接见，这是对秦山核电与海盐县30余年携手并进、共融发展的高度肯定。

秦山核电向海盐县红十字会捐赠600套无纺布防护服

五、结对帮扶，共享发展成果

“也许您来过进士村，也许您未曾来过，但无论是否谋面，进士村都已经把您当做了自家人。”2020年1月10日，在农历新春来临之际，进士村村民委员会给秦山核电各位员工发来了一份感谢信。

进士村位于温州市平阳县顺溪镇的西部山区。村域面积7.5平方千米，由8个自然村组成，平均海拔500多米。进士村全村398户，其中五保户13户、低保户36户、低保边缘户13户。村户籍人口1710人，但常住人口仅400多人，且基本都是孤寡、空巢老人。村中青壮年劳动力大多外出务工，村集体收入微薄，是浙江省重点结对帮扶的经济薄弱村。

2018年，在浙江省开展新一轮结对帮扶工作的总体安排下，进士村与秦山核电结缘。

秦山核电通过选派干部驻村帮扶，提高了进士村治理能力和管理水平，增强了进士村党组织凝聚力和战斗力。

通过加强产业扶贫，于2019年7月注册成立核进农业开发有限公司，为进士村村民的农家产品提供了更为广阔的销售渠道，进士村粉干、黄年糕、熏兔、黄鱼鲞等特色产业快速发展，增强了进士村内生发展活力和动力。

通过消费扶贫，秦山核电通过向进士村采购节日扶贫产品、各党（总）支部赴村开展主题党日活动等方式，帮助进士村实现村经营性收入从无到有、从少到多。

通过生态扶贫，秦山核电帮助村美丽田园农业开发项目积极推进，屋面分布式光伏产业项目培育，努力实现生态美丽和扶贫脱贫“一个战场、两场战役”的“双赢”。

通过基础设施和公共服务建设，“核进廊亭”主体落成，文化礼堂、红色主题广场的建成，让村民们多了交流休憩的精神家园；路灯改造项目完成验收，一盏盏崭新的路灯点亮了乡村发展的道路。

通过精准扶贫，秦山核电每年对进士村50户五保户、低保户和家庭困难户进行慰问，为村内低收入农户送去温暖，同时带动村集体发展。

进士村是秦山核电贯彻落实中央、浙江省委关于脱贫攻坚结对帮扶的一个点。此前，秦山核电还结对帮扶丽水市缙云县大源镇稠门村、高畈村，和进士村一样，都提前并超额完成浙江省对结对帮扶工作的考核指标。

秦山核电持续“输血”式帮扶工作取得了阶段性成果，也为帮扶点后续产业“造血”功能打下良好基础。助力高畈村成功创建旅游3A级村庄，2020年获评“全国文明村镇”；提前完成进士村“低收入农户高水平全面小康计划”，实现集体经营性收入翻五番，低收入农户人均收入翻一番，提前完成考核指标。

禾进茶园

习近平总书记强调，脱贫摘帽不是终点，而是新生活、新奋斗的起点。消除贫困、改善民生、让全体人民共享发展成果，逐步实现共同富裕，是中国特色社会主义的本质要求，是中国共产党的重要历史使命，是央企义不容辞的责任。后续，秦山核电将扎实推进、巩固拓展脱贫攻坚成果同乡村振兴战略的有效衔接，让老百姓过上更美好的生活。

秦山核电以“强核强国，造福人类”为企业使命，努力为人民带来美丽和谐幸福的生活。秦山核电积极践行“绿水青山就是金山银山”理念，以奉献安全高效能源、创造清洁低碳生活为目标，强化使命担当，继续努力为实现强核梦、中国梦贡献秦山核电更大的力量。

14 硬核实力“走出去” “一体两翼”新发展

秦山核电是中国大陆核电的发源地、浙江省最大的清洁能源基地，我国核电“走出去”的先行地，被誉为“国之光荣”。30年来，秦山核电牢记周总理“发展技术、积累经验、培养人才”的殷切嘱托，先后建成了秦山一期、秦山二期、秦山三期、方家山等核电工程，并持续安全高效发电，为我国核电事业发展壮大及“走出去”奠定了坚实基础。秦山核电人业已成为核电行业内一个独特的群体，江苏核电、福清核电、海南核电、三门核电、霞浦核电、漳州能源乃至巴基斯坦的恰希玛核电、卡拉奇核电，都活跃着秦山人的身影。近年来，秦山核电充分发挥核电人才、技术与经验优势，不断增强核心竞争力，开发对外服务八大产品系列，服务国内外50余家单位，服务国家“一带一路”倡议，构建“一体两翼”新发展格局。

一、海外调试排头兵

秦山核电积累了30多年核设施调试及试运行管理经验，是中国首家对外提供调试及试运行管理的专业化公司；是国内最具经验的海外核电调试队伍，熟悉国际上核电建设的相关法规和标准，深谙各国国情和局势，能够合规合矩、高效便捷地实现项目的运作和沟通，为韩国、阿联酋、阿根廷等提供培训、咨询与技术支持，完成了巴基斯坦恰希玛核电站1~4号机组调试总承包项目，并承担了海外“华龙一号”卡拉奇核电站2、3号机组的联合调试和试运行管理任务。

（一）恰希玛“南南合作”光辉历程

1991年12月15日，中国大陆第一座30万千瓦核电站——秦山核电站并网发电。秦山核电站并网发电16天后，中巴两国在北京签订了合作建设巴基斯坦恰希玛核电站的协议。恰希玛核电站1号机组（C1）是中国以“交钥匙”形式向巴基斯坦提供的一座30万千瓦压水堆核电站，以秦山核电站作为参考电站。

秦山核电勇担重任，在自身技术人员十分紧缺的情况下，抽调业务骨干，迅速组织了15个专业科室共计200多人分批赴巴开展调试工作，安全高效地完成了238项调试试验工作。恰希玛核电站位于巴基斯坦柴尔沙漠边缘，人烟稀少，夏季长达7个月之久，极端气温高达52 ℃。因为通讯

不便，支援建设的秦山人通过国际长途电话和家人通话几分钟成了一个月一次的特殊待遇，信件更是需要一个月甚至更久才能送达家人手中。他们中，有人推迟了婚期，有人错过了孩子出生时的第一声啼哭，有人错失了见至亲最后一面，此类事例不胜枚举。秦山团队迎难而上、不畏艰难，“6+1”“白+黑”（现场法定一周工作6天），靠着饱满的热情以及大无畏的牺牲精神，不仅战胜了极端恶劣的自然环境，更是以极大毅力克服了任务期间无法回国的思乡之情。秦山人充分发扬“四个一切”核工业精神，以高度的使命感和责任心在恰希玛挥汗如雨，用智慧、激情浇灌了C1核电站的成长。

授人以鱼不如授人以渔。秦山核电还为巴基斯坦培养了一大批技术管理骨干。核电操纵员被称为“黄金人”，而巴基斯坦第一批“黄金人”正是诞生于秦山核电。当时来秦山核电接受培训的巴基斯坦工程师，都具备高学历，很多有欧美留学背景，也有部分有中国留学经历。这些从C1项目成长起来的巴方人员，如今大多已成为巴基斯坦核工业体系中的骨干力量，见面仍尊称秦山人为“中国老师”。C1项目的成功进一步增强了中巴友谊，是两国人民共同努力的结晶。时任国务院总理朱镕基曾赞扬恰希玛核电站是发展中国家之间“南南合作”的典范。

恰希玛C1核电机组的建成更加坚定了巴基斯坦发展核电的信心和决心。秦山核电再接再厉又签订了巴基斯坦恰希玛核电站2号机组（C2）的调试总承包合同。秦山核电在C2项目开始探索创新调试管理模式，摒弃了复杂的项目组织体系，成立了以调试专业组为核心，以运行管理和安全质量管理为“两翼”的新的项目组织体系，体系中固定岗位不到50人。通过这样的创新管理，C2项目克服了巴基斯坦动荡的国内环境，以及落后的生活环境和艰苦的工作条件，提前合同工期111天完成调试工作。秦山核电不仅出色地完成了C2项目合同任务，还以C2调试与试运行管理实践构建起了一套胜任海外调试项目的组织架构和文件体系，培养锻炼出一支具有国际视野和专业背景的调试骨干队伍。在江苏核电、福清核电、海南核电、三门核电等国内众多核电项目的调试现场，都活跃着这支技术过硬、作风过硬的“恰友”队伍。

继C1、C2项目大获成功之后，秦山核电以优异的成绩和过硬的实力再次赢得巴基斯坦恰希玛核电站3、4号机组（C3、C4）调试总承包合同。秦山核电根据C3、C4调试各阶段的不同特点，优化组织管理方式，创新进度控制手段，使工程建设和调试各项工作安全、高效稳步推进。秦山核电通过调试管理体系优化，理顺工作流程，实行调试和试运行一体化管理，保证了调试工作的安全、质量和效率；通过调试主线逻辑的优化，将安全壳打压试验提前到水压试验前进行，缩短调试主工期；将调试计划按照紧前控制，按负接口推进各项工作的准备和实施，关键路径做到人等工况，工况一到马上实施。秦山核电建立处理调试问题的快速响应机制，保证出现的问题得到及时响应和有效处理，关键时刻发挥秦山核电30多年积累的深厚技术底蕴和人才优势，迅速召集相关领域技术专家成立专项攻关小组，与项目总包方、厂家精诚合作，及时派出国内专家队伍进驻现场，主导解决了工程关键路径上的C3稳压器安全阀问题、C4控制棒等疑难杂症。

秦山核电依托技术和人才优势，研究分析30万千瓦机组的运行参数，通过调试创新优化机组控制和运行参数，C3机组在冬季首次实现34万千瓦满功率稳定运行，而C4机组在夏季首次实现34万千瓦满功率稳定运行，为中国中原对外工程有限公司顺利按合同完成工程临时验收创造了有利条件。最终，C3机组创造了30万千瓦级机组最短的调试工期，并提前合同工期近26天完成临时验收；C4机组提前合同工期近36天完成临时验收。C3、C4项目提前于合同工期交付，为巴方业主创造了良好的经济效益和社会效益。

（二）卡拉奇“海外华龙”再续辉煌

巴基斯坦卡拉奇核电K2、K3项目是我国具有自主知识产权的三代核电技术——“华龙一号”首次走出国门，作为“华龙一号”海外项目的第一站，从开始就肩负其特殊的历史使命，举世瞩目。秦山核电提高政治站位，保持战略定力，向海外“华龙一号”吹响了冲锋的“集结号”，高质量完成了巴方K2、K3首批运维人员1591人·月的百万千瓦机组堆型培训工作，并承担起联合调试和试运行管理工作。K2、K3项目不仅拓展了秦山核电的战略市场，也再次深化了秦山核电和巴基斯坦原子能委员会的传统友谊。

2020年12月，巴基斯坦卡拉奇K2机组首次装料圆满成功，但却不料一场“抗疫大考”正悄悄临近。对于突发的新型冠状病毒肺炎疫情，卡拉奇项目现场立即停工停产，秦山核电疫情防控小组迅速反应，疫情防控各项工作有条不紊地进行。与此同时，为确保核安全，秦山核电在切实做好防控措施的前提下，依然保证核电站必要设备的正常运转。燃料已经入

堆，核安全这根“弦”就是底线。本着“生命重于泰山，疫情就是命令，防控就是责任”的原则，秦山核电现场项目部立即成立以党员、团员为先锋的“核力战疫”小分队，在保证自身防护安全的前提下完成各项防疫和生产任务，负责大家的日常餐食配送、应急物品发放、机组日常值班、生产待命、系统巡检及处理紧急/计划缺陷等，充分发扬了现场党员、青年突击队不畏疫情、艰苦奋斗的良好风貌。

2021年1月，已核装料运行的K2机组突发失去所有厂外电源工况。秦山核电值班人员确认失去所有厂外电源，启动应急预案，确认应急母线电压正常，通知现场检查柴油机运行、配电盘状态；停止应急母线上非必要负荷；检查通风、冷冻状态并恢复至正常；立即启动响应行动，并督促巴方值长联系电网，询问电源故障原因。秦山核电项目经理组接到通报后，立即赶到主控协调事故处理工作，并特别安排电气人员对应急柴油发电机进行实时巡查，确保应急供电安全，确保核安全。经核实，此次巴方电网故障，造成了巴基斯坦80%的电网瘫痪，至次日傍晚，巴方132千伏恢复稳定供电，K2机组恢复外电网供电。台上一分钟，台下十年功。秦山团队深刻认识到运行人员是确保核安全的最后屏障，建立了完善的应急预案体系和有效的应急响应机制，针对巴基斯坦核电机组最易发生的失电工况，秦山团队反复演练，时刻警惕，整个团队的执行力在这次K2机组失电事故中得到了实战检验，确保了核安全万无一失！

二、国内服务先锋队

秦山核电是我国核电机组数量最多、堆型最丰富、核电运行管理人才最丰富的核电基地。30多年积累，形成了具有深厚底蕴的核电运营技术；练就了一支能驾驭多堆型运行、维修、技术等专业领域人才队伍和管理队伍；形成了一套成熟完整的安全生产运行管理体系和支持保障体系。秦山核电先后参与完成了三门核电、江苏核电、海南核电、福清核电等国内大部分核电机组的调试和技术支持项目；开展中核四0四厂、中核陕铀、原子能院、霞浦核电、沧州核电、江苏核电等专业培训项目。

（一）在建电站调试攻坚

三门核电1号机组为全球首台AP1000机组，是其他AP1000机组的“领头羊”，做好三门核电AP1000的调试支持工作将能为AP1000机组服务市场树立标杆。秦山核电作为中国核电“325团”的主力军，充分发挥丰富的核电运行建设经验和多堆型运行技术能力，发挥人才、技术、资源优势，共组织79人次的技术专家参与三门AP1000的技术支持，累计完成27项技术支持项目，为机组具备商运条件作出了较大贡献。

秦山核电还组织专家对山东海阳核电棒控棒位系统故障、2号机组励磁变励磁低故障等问题提供技术支持，协助解决海阳核电的紧急设备故障。秦山核电在收到技术服务需求后均在第一时间积极响应，几小时后就派出专业团队赶赴现场，准确定位相关问题根源，采取有效措施处理缺陷，高质量完成了支持任务。海阳核电给出了“技术过硬、值得信赖”的高度评价。

（二）在运核电站运维护航

国内南方某核电站204大修期间，秦山核电接到该核电站稳压器电加热器更换的紧急需求。秦山核电全力支持兄弟单位的大修，第二天即完成项目组的建立和设备发货前调试，整个工作在5天内顺利完成，标志着秦山核电已具备稳压器电加热器更换的应急维修能力。稳压器电加热器应急更换能力是核电机组安全稳定运行必不可少的重要保障，也是秦山核电一项重要的全自动机器人焊接技术的良好应用。核电站焊接式稳压器电加热器更换全套技术是秦山核电独立开发的发明专利技术，该技术在设备、材料、工艺、技能等各方面都完全替代了进口，已成功在国内多个核电站实现有计划的更换维修。

国内北方某核电站205大修期间，发现反应堆压力容器顶盖热电偶下管座Ω焊缝处硼结晶堆积，直接影响机组重新启动。在寻求国外厂家支持无果的情况下该核电站向秦山核电发来求援。秦山核电高度重视同行的需求，在中核集团首席技师何少华的牵头组织下，通过多方沟通和分析论证，仅用3天时间工作室就提出了解决方案。秦山核电成立多技术部门联合的项目组，制定工作计划和实施方案，完成技术攻关和设备准备。考虑到新冠肺炎疫情影响，秦山核电专车奔袭2000公里点对点派送工作人员赶往项目现场开展工作。项目团队连续作业，成功消除缺陷，得到该核电站的赞赏与肯定。

2020年联合国气候峰会上，45个国家作出了提高国家自主贡献新承诺，24个国家提出了碳中和目标。中国已郑重承诺不在境外新建燃煤电厂，巴基斯坦也已宣布不再新建燃煤电厂。预计到2050年，全球将累计新增1000吉瓦核电装机容量。十九大报告明确提出要推进绿色发展，壮大清洁能源产业，推进能源革命，着力构建“清洁低碳、安全高效”现代能源体系的要求。我国核电发展政策已步入“在确保安全的前提下积极有序发展核电”的新时代。秦山核电在公司“十四五”规划中已明确提出加强“一体两翼”发展，助力国家“一带一路”倡议。

国际市场方面，秦山核电将持续做好巴基斯坦各在运核电机组的运维服务。国际潜在市场方面，目前巴基斯坦计划筹建恰希玛核电站5号机组，穆扎法尔格尔核电站1、2号机组，卡拉奇核电站4、5号机组等“华龙一号”核电机组和恰希玛核电站6号改进型30万千瓦级核电机组；阿根廷、沙特等国也均有意向进口我国核电机组。秦山核电将充分发挥品牌优势、技术优势，以传递先进的核安全文化和理念为己任，锐意进取，深耕巴基斯坦市场，并不断拓展非巴海外核电技术服务市场，成为中国核电既“快”又“稳”“走出去”的开路先锋。

国内市场方面，秦山核电积极争取为各核电项目提供调试/试运行管理、大修支持、技术支持、人员培训、信息系统建设等技术服务项目；为核能供热等核能综合运用项目提供生产准备、调试/试运行等一站式点单服务。

15

坚持科技引领创新发展 打造国内领先的清洁能源示范基地

2020年9月，习近平总书记在联合国大会上提出“3060”双碳目标的重大国际承诺，即我国力争2030年前实现碳达峰、2060年前实现碳中和，这为我国能源清洁低碳转型指明了方向。核电作为安全高效的清洁能源，在能源转型中发挥着不可替代的作用，发展核能综合利用可为双碳目标的实现提供重要支撑。

在这一历史机遇与时代使命下，秦山核电坚持“一体两翼”发展战略，通过机组性能优化、新能源开发、核能综合利用项目研究落地，打造清洁能源示范基地，积极构建区域特色发展新载体，将秦山核电全面建成资源节约型、环境友好型的大型绿色核能示范企业。

一、发展现状、思路与目标

（一）发展现状和形势分析

“十三五”期间，我国能源和电力工业高质量发展，可再生能源发展迅速，电力装机结构持续优化，电力工业绿色低碳转型成效显著；电力体制改革不断推进，电力中长期交易和辅助服务市场实现全国范围覆盖。秦山核电外部竞争压力加大，所在华东电网风、光发电装机总占比反超核电，峰谷差继续拉大，调峰考核压力加大。

“十四五”期间，国家将加快能源消费革命，推动清洁能源发展。《能源生产和消费革命战略（2016—2030）》提出：2021—2030年，可再生能源、天然气和核能利用持续增长，高碳化石能源利用大幅减少。非化石能源占能源消费总量比重达到20%左右，新增能源需求主要依靠清洁能源满足。《能源技术革命创新行动计划（2016—2030年）》提出：2030年建成与国情相适应的完善的能源技术创新体系，能源自主创新能力全面提升，能源技术水平整体达到国际先进水平，进入世界能源技术强国行列。在能源结构转型、技术发展突破、政策鼓励支持、商业模式创新等多方面因素作用下，能源电力系统中新元素、新业态不断涌现。电力行业围绕新能源开发、需求侧响应、综合能源服务、储能、虚拟电厂、氢能等开展产业布局，新业态的迅猛发展，成为推动电力行业转型升级和能源电力管理变革的重要力量。核电作为清洁零碳安全高效的现代能源，将以高质量发展助力能源转型，迎来更大的发展空间。在此形势下，秦山核电建设清洁能源示范基地显得尤为重要和紧迫。

（二）发展思路与目标

秦山核电清洁能源示范基地建设，以习近平新时代中国特色社会主义思想为指引，深入贯彻落实党的十九大和十九届二中、三中、四中、五中全会精神，以习近平总书记关于核工业发展的重要批示指示精神为根本遵循，全面贯彻“创新、协调、绿色、开放、共享”的发展理念和“四个革命、一个合作”的能源安全新战略，借助长三角地区的区位优势，积极融入长三角一体化国家战略、浙江省清洁能源示范省建设及嘉兴市新制造“555”行动规划，立足9台核电机组安全稳定运行，充分挖掘机组潜能，持续提升机组性能；积极开展核电新项目前期综合开发，协调推进核能综合利用产业发展和新能源项目建设；结合数字化、智能化技术应用，将秦山核电打造为集“核能发电、核能综合利用、新能源互补”为一体、国内领先的清洁能源示范基地，推动公司“一体两翼”发展战略落地。

二、重点实施项目情况介绍

“十四五”期间，秦山核电将深入挖掘机组潜力，做好30万千瓦机组燃料长循环论证实施和60万千瓦机组功率提升工作，延长机组燃料循环长度和关键设备使用寿命，提高机组运行的经济性、可靠性；完成核能供暖示范项目建设，在2025年具备满足400万平方米供热需求的能力；开发厂区光伏综合项目，光伏发电总装机容量初具规模。

（一）30万千瓦机组燃料长循环的论证和实施

1. 项目背景和目标

秦山核电厂30万千瓦机组运行许可证延续项目（OLE项目）实施之后，反应堆热功率由原来的966兆瓦提升至998.6兆瓦，其电功率相应提升至35万千瓦，机组热功率提升后，其循环寿期由原来的405有效满功率天（EFPD）下降到OLE项目实施后的388EFPD。

为提高30万千瓦机组的能力因子和经济性，在“十四五”期间将进行30万千瓦机组燃料循环延长的燃料管理改进设计和实施，实现30万千瓦机组燃料循环长度由OLE项目后的388EFPD提升至405EFPD以上的目标，并进行长循环策略分析和准备，确定实现长循环的实施路线和技术要求，为实现长循环奠定基础。

2. 项目主要内容和进展

根据国核安发[2009]14号文《关于批准提高秦山核电厂燃料组件燃耗限值的通知》，30万千瓦机组目前的燃料组件燃耗限值为：中心组件小于等于40 000兆瓦天/吨铀（MWd/tU），其他组件小于等于37 000 MWd/tU。基于燃耗限值要求，30万千瓦机组可以分阶段过渡到循环长度480EFPD。

第一阶段，在不突破燃耗限值的基础上，通过燃料管理方案改进，30万千瓦机组燃料循环长度达到405EFPD左右。在改进方案实施期间，向国家核安全局申请30万千瓦机组燃料组件燃耗限值提升，获得安审通过后逐步按计划提高燃料组件堆内辐照燃耗。

第二阶段，在所有燃料组件燃耗小于等于41 000 MWd/tU的基础上，通过燃料管理方案改进，30万千瓦机组燃料循环长度达到420EFPD以上，同时继续进行燃料组件燃耗限值提升的堆内考验工作，争取组件燃耗能达到45 000 MWd/tU。

第三阶段，在所有燃料组件燃耗小于等于45 000 MWd/tU的基础上，通过燃料管理方案改进，30万千瓦机组燃料循环长度达到480EFPD左右。

目前第一阶段工作已经完成项目论证，在通过国家核安全局审评后，计划于2024年6月机组大修期间实施。通过将燃料组件铀-235富集度由3.40%提升至3.50%，实现机组燃料循环长度由OLE项目后的388EFPD

清洁能源示范基地

提升至405EFPD。第二阶段，计划机组在2025年实现420EFPD燃料循环运行。通过燃料管理方案改进，进一步提升机组能力因子和经济效益。

（二）65万千瓦机组功率提升

1. 项目背景和目标

秦二厂65万千瓦级核电汽轮机是我国自主设计、自主建造、自主运营、自主管理的第一座国产化大型商用压水堆核电站的核电汽轮机，设计寿命40年。4台机组自投运以来，各项指标优良，运行平稳。为更好地发挥秦山核电老基地的示范作用，实现公司可持续发展，充分挖掘核电机组潜力，计划实施65万千瓦机组功率提升示范项目建设。

“十四五”期间，将开展秦二厂核电汽轮机的功率提升可行性研究，2025年完成秦二厂一台机组的技术改造，使汽轮发电机铭牌功率达到70万千瓦以上，同时消除机组的主要问题和安全隐患，提高运行经济性、可靠性。

2. 改造内容和计划

在核岛热功率不变的基础上，采用当前国内成熟、先进的整体通流设计技术和发电机技术，对汽轮发电机组进行优化升级改造，最大程度地提高发电机组的出力、效率和安全性；同时对重要辅机设备进行适应性改造，最终提升汽轮发电机的铭牌功率。

根据计划，首先进行常规岛性能与功率提升能力的摸底试验，获得汽轮机、发电机、主变、热力系统、循环水系统等设备系统的试验数据；其次对堆机匹配、热力设备和系统进行运行优化调整研究，获得机组现有提效功率提升空间；再次针对影响机组提效功率提升的薄弱环节，确定需要更换和技术改造的主设备和系统，经技术经济分析后最终确定功率提升方案。

该项目参照秦一厂30万千瓦机组功率提升改造经验，结合项目可研、设计制造周期，将2025年秦二厂2号机组217大修作为合理可行的改造施工窗口。

3. 项目意义

通过汽轮机和发电机技术升级和设备翻新来提升常规岛功率，意义重大。一是实现汽轮发电机组效率、运行可靠性和铭牌功率的提升；二是延长常规岛关键设备使用寿命，为今后核电站延寿奠定良好的技术和物质基础；三是助力国家“双碳”目标实现，为社会创造并提供更多的低碳能源。

（三）核能供暖节能改造

1. 项目背景和概况

积极响应国家开展核能综合利用试点工作的要求，助力实现我国“碳达峰、碳中和”的宏伟目标，全面落实浙江省碳达峰碳中和工作推进会关于“率先高标准打好攻坚战，加快全面绿色低碳转型”的工作部署，秦山核电与海盐县政府合作开展核能供暖节能工程项目，推动海盐县逐步实现公建设施、居民小区及工业园区的大规模核能供暖。

核能供暖节能工程是利用秦山核电机组剩余热功率，提供130 ℃的出水，接收70 ℃的回水，实现热水循环供暖。项目建成后，具备15万千瓦的核能供暖能力，可供采暖面积达400万平方米。

2. 项目建设内容和实施计划

项目建设内容主要为新建厂内供热首站和厂外供热管网两部分。厂内供热首站由秦山核电负责建设，热力设备采用模块化设计，根据厂外热负荷需要分阶段建设。厂外供热管网项目建设内容包括自秦山核电厂外至海盐县城区、秦山街道、澉浦镇的热力设施（二级换热站、中继泵站、热力管网）。核能供暖项目分三阶段实施：2021年冬季确保实现秦山核电三个生活小区和海盐县老年公寓的供暖；2022年确保海盐县主城区向西和向北相关区块具备供暖条件；2025年完成主城区其他区域及秦山街道、澉浦镇等地配套建设，满足400万平方米的供热需求。

3. 项目的环境效益与社会效益

核能供暖较其他供暖形式有着明显的环保优势。本项目全部建成后，年采暖供热量约70.4万吉焦/年，相对于燃煤火电机组每年可减少燃用标准煤约2.46万吨，相应地每年减排二氧化硫1817吨、氮氧化物908吨、二氧化碳5.9万吨，环境效益显著。

本项目在江南地区尚属首例，创新了核能综合利用的模式。通过项目建设与推广，与地方百姓共享核电发展成果，推动企地共融、和谐发展，助力海盐地方经济与社会高水平创新发展；造福地方百姓，打造“江南核能供暖示范窗口”，塑造海盐县“高质量发展、高水平治理、高品质生活”的新形象。

（四）厂区光伏综合开发

开展厂区光伏项目建设，是秦山核电清洁能源示范基地专项规划的重要内容。计划在“十四五”期间，完成厂区光伏车棚和厂区空闲地面光伏电站建设，有序推进厂区非生产设施建筑物屋顶光伏建设，对各厂区仓储区已达到设计使用年限的彩钢瓦棚库顶棚实施光伏顶棚替代，对具备加装光伏发电设施条件的厂区新建非生产设施进行光伏发电设施的同步规划、同步建设、同步投用。到2025年，厂区光伏发电总装机容量预计达到15兆瓦。

公司自2018年初利用厂区空间资源优势，分批建成了屋顶光伏、光伏车棚项目，截至2021年8月31日，共计投产光伏装机容量4.1兆瓦，运行状况良好，累计发电760万千瓦时。

厂区光伏发电系统就近接入办公楼宇等非生产性设施，自发自用，可替代部分厂用电量，提高核能发电上网电量；利用露天停车场建设光伏车棚，改善厂区停车环境，消除安全隐患。在提高厂区综合整治水平、解决民生问题的同时，进一步提升秦山核电清洁环保绿色的企业形象。

同时，光伏发电的环境效益显著。当前已投运光伏装机在25年寿期内可累计发电11 142万千瓦时，相比燃煤火电机组可减少燃用标准煤约3.57万吨，相应地减排二氧化硫303吨、氮氧化物263.8吨、二氧化碳9.6万吨。

三、重大项目课题研究

“十四五”期间，公司还将积极开展溴化锂空调节能改造、核能制压缩空气、大规模储能（转换）等重大课题研究，持续探索核能综合利用新途径、能源综合服务新模式。在取得相关研究成果及具备实施条件下，有序推进各核能综合利用示范项目的前期开发，探索以核能为核心提供多种能源服务、构建综合智慧能源管理的清洁能源示范基地建设的新模式。

（一）溴化锂空调节能改造

秦山核电空调系统是跟随着基地扩建而分期建设的，系统管路复杂，设备数量多，单机容量小，且布置分散。秦山基地非生产厂房分体式空调约3000台，多联机2200余台，热泵机组42台；部分空调至今已运行10年及以上，出力明显降低，亟待更新。因此，开展非生产区域集中供冷供热研究和节能改造，显得尤为重要。

“十四五”期间，计划开展相关技术论证和经济性分析，通过进行集中办公区域溴化锂空调节能改造，建设溴化锂空调集中厂站代替原有屋顶热泵机组，降低空调系统维护管理难度和维护成本，提高可靠性；减少能源转换环节，降低核电基地厂用电量；节能减排，改善环境质量，为国家生态文明建设、推进绿色发展作出贡献。

（二）核能制压缩空气

国家《节能中长期规划》把热电联产列为鼓励发展的十大重点节能工程之一。热电联产是热能和电能联合生产的一种高效能源生产方式，与热电分产相比，可显著提高能源利用率，是公认的节约能源、改善环境的重要手段。

汽轮机拖动空压机集中供应压缩空气，与热电联产一样，能源综合利用效率高、能耗下降、污染物也相应减少，并有利于集中处理。通过集中供应压缩空气，可替代区域内现有分散的小空压机，提高能源综合利用效率，有效降低区域能耗总量，改善区域投资环境。不仅顺应时代赋予的节能减排国家战略，而且能有效降低企业的能耗成本，增强用气企业的竞争力，具有良好的经济效益。

（三）大型储能（转换）

2021年7月15日，国家发改委、国家能源局下发《关于加快推动新型储能发展的指导意见》。2021年8月5日，浙江省发改委下发《关于开展新型储能设施示范应用的实施意见（征求意见稿）》，明确提出2021—2023年全省将发展100万千瓦新型储能示范项目。

大规模储能系统在电力调峰调频领域大有可为。电池储能系统可根据需要在负荷低谷时储存电能，在负荷高峰时释放电能，降低负荷峰谷差，有效提升核电站调峰调频能力。

秦山核电开展大规模能源储存（转换）项目研究和建设，一是保障核电基荷运行，减少核电机组辅助服务考核费用，提高经济效益。二是探索发电侧投资储能，适应电力市场发展的需要。三是适应产业发展，开展综合能源服务的需要，创造核、储、风、光、荷优化联动的新模式。

30年，秦山核电实现了从无到有、从小到大；30年，秦山核电走出国门，参与世界核电技术竞争；30年，秦山核电积淀了丰厚的经验与优势。

未来，在新的能源结构下，秦山核电站在新起点，勇挑重担，砥砺前行，充分发挥核电零碳优势，探索发展集“核能发电、核能综合利用、新能源互补”为一体、国内领先的清洁能源示范基地，赓续“国之光荣”，助力“双碳”目标实现。

16

高质量建设同位素生产基地
“核”力助推健康中国事业

秦山核电有2台重水堆机组。重水堆堆芯设计显著区别于压水堆，堆芯的热中子通量更高，慢化剂处于低温常压水平，采用在线换料方式，加之机组年稳定运行时间较长，使得重水堆在同位素生产方面优势显著，具备生产种类多、长短半衰期同位素均能生产且产量大等特点。秦山核电已实现工业和医用钴-60大规模辐照生产，正在不影响机组运行发电的基础上开发重水堆的同位素生产能力，推动核电和核技术应用产业协同融合发展，保障同位素的国产供应。高质量建设同位素生产基地是秦山核电落实中核集团加快核技术应用产业发展的具体举措，也是秦山核电推动“一体两翼”发展战略的重要组成部分，对于我国建立自主的同位素生产供应体系和助推健康中国事业发展意义重大。

一、历经艰辛，建成投产百万居里级钴-60生产供应能力

钴-60放射源主要在工业和医疗两个领域有着广泛的用途，应用范围包括食品保鲜、辐照育种、医疗器械消毒、工业探伤、材料改性和肿瘤的放射治疗。两个领域应用的钴-60在结构和比活度水平上有不同的要求，因此一般称工业用的钴-60为工业钴-60，医疗领域用的钴-60为医用

钴-60。秦山核电采用了先工业钴-60后医用钴-60生产的开发策略。

（一）工业钴-60生产技术研发与生产实施

2001年，随着中国加入世贸组织以后，国内的辐射加工产业迅猛发展，工业钴-60放射源需求从1998年约200万居里，到2005年增长到700万~800万居里，现已增长到1000万~1200万居里。早在国内2台重水堆引进之初，我国就了解到重水堆有大规模生产钴-60的优势，加拿大和阿根廷早已投入多台重水堆机组生产，产品基本垄断了国际市场，国内进口的钴-60放射源也多为重水堆生产的。利用国内2台重水堆生产钴-60，可以填补国内空白，符合建立节约型社会和可持续协调发展的要求。

秦山三期（重水堆）核电工程属于容量引进而非技术引进。此前国内在重水堆方面的技术积累较少，短期内完全依靠国内技术力量独立开展重大堆芯设计修改，设计、研制和取证的困难非常大。为确保钴-60生产能够成功实施，秦山核电同步开展技术引进和自主化探索，做了两手准备。

技术引进方面。1995年，秦山三期（重水堆）核电工程项目引进谈判时，中方提出同步引进钴-60生产，与国外A公司（化名）在技术谈判阶段达成一致，但A公司在工程合同价格谈判阶段有意取消了钴-60生产，国内为确保核电工程项目谈判成功而暂时放弃。1998年，秦山核电再次联系A公司希望增加钴-60生产，A公司以钴-60生产的知识产权掌握在B公司（化名）手中为由婉言拒绝，A公司转达的B公司的意见则是他们目前有足够的钴-60资源，对秦山增加钴-60生产不感兴趣。1999年，秦山核电直接与B公司谈判，该公司提出了昂贵的一次性收费和多余的中间产品低价包销的苛刻条件，中方因无法接受而终止谈判。

自主研发探索方面。1998年6月到1999年3月，秦山核电联合上海核工程研究设计院、中国原子能科学研究院在消化吸收重水堆技术的基础上，进行了利用重水堆生产钴-60的可行性研究，研究结果显示用钴调节棒组件替代不锈钢调节棒组件在技术上是能够实现的，不会影响核电厂的运行安全和发电能力。1999年6月至10月，国家核安全局对可行性研究报告进行了初步审评。经过审评增强了参研各方自主开发的信心和决心，明确了总体开发思路。

2003年7月24日，秦山三期（重水堆）核电站工程提前112天全面建成投入商业运行，核电站管理全部由加方移交到中方手中。2003年11月，中核集团科技与国际合作部召开有关单位专家会议，总结了过去与外方谈判的情况，会议确定“以我为主”，启动自主设计、研制和生产。2004年2月，中核集团第二次总经理办公会决定由中国同位素公司具体组织实施利用重水堆生产钴-60项目，并要求秦山核电协助同位素公司完成反应堆修改的安全分析申请。

2017年4月医用钴-60生产项目首次入堆现场见证

前期，为将来实施利用重水堆批量生产钴-60做好准备，秦山核电与A公司展开艰苦的谈判，最终在建造期间实施了三项与钴-60生产相关的关键变更。自主研发启动后，秦山核电、中国同位素公司、上海核工程研究设计院、中核北方核燃料元件有限公司、中国原子能科学研究院、上海交通大学、西安交通大学等单位携手合作，历时6年多打通全产业链技术。2009年1月，首批钴调节棒组件装入秦山三期重水堆1号机组。2010年5月，国内首条万居里级热室生产线建成。2010年6月，首批辐照完成的钴调节棒组件出堆。国内首次建成百万居里级钴-60辐照生产能力和万居里级钴-60放射源分装能力，产品质量达到国际领先水平。我国一跃成为全球第三大钴-60供应国。2013年，利用坎杜堆生产钴-60的辐照—分装生产线正式投产（“钴-60生产项目”），该项目被中国核学会列入2011—2013年中国十大核科技进展之一。该项目获得国防科学技术进步奖二等奖。

截至目前，秦山核电2台重水堆已持续投入工业钴-60生产21堆·年，累计产出钴-60 8500万居里，满足国内70%左右的市场需求。近年来，全球钴-60供应紧张，中国已连续4年每年向国际市场出口钴-60百万居里。2020年，新冠肺炎疫情期间，国内使用钴-60等核技术对医用一次性防护服进行消毒灭菌，将消毒时间从7~14天降低到1天左右，极大缓解了疫情期间的防护服紧张的局面，为抗疫赢得了宝贵时间。

（二）医用钴-60生产技术研发及生产实施

1951年，瑞典Leksell研制出第一台伽玛刀设备，以无创伤摧毁病灶而闻名。20世纪90年代末国内实现伽玛刀设备国产，我国现有的300多台伽玛刀中95%为国产。目前，国产设备已达到国际先进水平，并且已经出口十多个国家。但是高比活度医用钴-60放射源仍需从国外进口，加拿大的生产堆退役和阿根廷的重水堆翻新就曾导致医用钴-60源供应短缺，一度制约了国内设备使用以及国产设备出口。

2015年，秦山核电、中国同辐股份有限公司、成都中核高通同位素股份有限公司、中核北方核燃料元件有限公司和上海核工程研究设计院再度携手攻关医用钴-60工业化生产技术，秦山核电领衔生产技术研发。2016年，医用钴-60项目被列入中核集团“龙腾2020”科研项目。经过2年多的努力，顺利完成了相关技术研发，首批医用钴靶件于2017年4月装入秦山三期重水堆1号机组。在堆芯辐照2年后，2019年4月，首批医用钴源靶件出堆。2019年9月，转运到热室进行分装。秦山核电生产的医用钴-60完全满足医用要求，年产能可覆盖国内市场需求，为国产伽玛刀设备提供充足的“中国芯”，为数以万计的患者带来福音。2019年，该项目与5G商用、第一艘国产航母交付、嫦娥四号登月等项目一起被评选为“中央企业2019年度十大创新工程”。截至目前，秦山核电已向用户提供了三批次医用钴-60放射源。

二、开启新征程，建设同位素生产基地

世界范围内，生产的放射性同位素约有80%以上主要应用于医学领域，主要是制备成核药用于疾病的诊断和治疗。经过几十年的发展，我国的核药市场已达到了一定的规模，但是和发达国家相比，无论是药品种类还是人均消耗均有较大差距，将来的发展空间巨大。但由于种种原因，我国的同位素供应几乎全部依赖进口。过度依赖国外进口，存在供应链受全球公共卫生事件或者政治因素影响而中断的风险。此外，医用同位素多为半衰期很短的核素，无法长时间存储，必须随产随用。为保障医用同位素和核药的稳定供应，2021年6月24日，国家原子能机构联合科技部、公安部、生态环境部、国家卫生健康委、国家医疗保障局、国家药品监督管理局等部门正式发布《医用同位素中长期发展规划（2021—2035年）》。这是我国首个针对核技术应用在医疗卫生应用领域发布的纲领性文件，对提升医用同位素相关产业能力水平、保障健康中国战略实施具有重要

意义。

秦山核电在医用同位素生产方面同样具有独特优势，赢得了政府部门和行业的广泛支持。

一是反应堆资源优势。短半衰期同位素生产必须具备通量高、在线装换靶等条件。重水堆无疑具备这样的条件。国外同类机组也正是利用这一点使用重水堆进行镥-177、钼-99等医用同位素生产。利用秦山核电现有机组辐照生产同位素，不需要建堆时间和建堆费用，无其他任务干扰。此外，反应堆长期保持高功率稳定运行，可以大批量持续供应同位素，满足同位素市场稳定供应的需求。

二是人才优势。秦山核电通过机组建造、运维培养了一大批消化并掌握重水堆技术的人才队伍，通过钴-60生产培养了一支熟悉同位素辐照生产技术研发和实施的队伍，积累了丰富的同位素辐照生产相关工作经验。

三是区位优势。考虑到医用同位素的短半衰期特点，集中进行堆产同位素、同位素分离提取以及核药制备，就近使用，对减少运输消耗，提升产品的经济性和竞争力非常有利。秦山核电地处长三角经济带核心位置，交通发达，无论是供应到华东地区，还是辐射全国，都极为便利。

四是企地融合优势。地方政府对发展同位素相关产业具有浓厚兴趣，现已规划建设核技术（同位素）产业园，计划结合秦山核电同位素生产和供应优势，引进核技术应用产业创新研发平台、培育核特色医疗产业、建设同位素生产基地、引进辐照加工产业、发展核技术装备制造产业，为同位素生产与供应提供优质的政策和营商环境。

秦山核电积极响应习近平总书记关于健康中国的系列指示精神，提前布局开展重要医用同位素辐照生产。2019年，秦山核电做出决策，要立足于秦山核电的优势、开展放射性同位素生产的技术研发工作，帮助国家解决同位素供应问题。秦山核电随即组织精干力量成立专项组。这批人员多数是反应堆机组运维方面专家，在医用同位素生产应用方面则要从

“零”开始学习。经过前后几个月的学习、调研，熟悉了解了国内医用同位素的生产现状、供应情况、技术要求，分析研究了秦山核电开展同位素辐照生产的优势。结合秦山核电优势和国内需求，逐步明确秦山核电同位素辐照生产的工作方向为碳-14、镥-177、锶-89、钼-99等，确定医用同位素生产开发策略和技术路线，完成医用同位素生产初步可行性评估，编制发布了秦山核电同位素基地建设专项规划。

秦山核电将坚定不移地建设好同位素生产基地，通过打造3个辐照平台，推动碳-14、镥-177、锶-89、碘-131和钼-99等同位素的产业化生产技术开发，确保“十四五”期间实现批量化生产与供应，带动同位素应用产业链发展，力争成为全国核技术应用产业示范基地。目前秦山核电正在联合相关单位，同步推进反应堆生产上述同位素的技术研发以及上述同位素分离提取生产线建设有关工作。

三、同位素生产技术开发进展

秦山核电按照规划要求，现已启动以下项目研发工作：

重水堆辐照生产碳-14。碳-14在幽门螺旋杆菌检测、药代动力学研究、PM2.5检测等方面有非常重要的应用。秦山核电首创提出利用重水堆辐照生产，联合上海核工程研究设计院、中核北方核燃料元件有限公司开展技术攻关，力争2022年3月前获得国家核安全局审评批复、2022年4月首批靶件入堆。2021年8月，重水堆辐照生产碳-14已完成全部设计分析及安全论证。2021年8月27日，秦山核电向国家核安全局正式提交了修改申请报告。2021年9月3日，秦山核电、上海核工程研究设计院、中核北方核燃料元件有限公司召开三方靶件研制启动会，目前正在全力冲刺确保项目目标实现。

研制重水堆在线辐照装置。该装置是辐照生产短半衰期同位素锶-89、镥-177、碘-131和钇-90等同位素的重要平台。在研制初期同步引

工业钴-60更换

入国内外2家单位提供在线辐照装置方案。2021年7月13日，秦山核电组织专家对2家方案的技术可行性进行了深入审查。目前正在对2家方案进行优化完善，为后续决策提供支持。

开展裂变钼-99前期科研。秦山核电与中国原子能科学研究院联合申请核能开发项目课题“基于秦山CANDU重水堆辐照LEU生产千居里级裂变钼-99的关键技术研究”。钼-99是锝-99m的母核，锝-99m主要用于心、脑、肾、肺等人体器官的单光子发射计算机断层扫描成像技术显像。课题目标是在2年内打通技术路线，为后续工程化技术开发奠定基础。目前已经完成生产组件设计。

开展重水堆废树脂中的碳-14脱除和提纯研究。重水堆运行过程中产生大量的碳-14，主要以HCO_3^-的形式存在，被树脂所吸附，在树脂失效后被传输到废树脂贮槽中存放。秦山核电联合国内相关单位已开展实验，研究废树脂中的碳-14脱除和提纯，其目标是达到工业和医疗应用水平。目前已经完成工艺小试研究，试验结果完全满足技术指标要求。此项技术不仅生产了碳-14，而且净化了废树脂，为废树脂的处理创造了更有利的条件。

四、同位素生产线建设情况

2021年7月，秦山核电与中国同辐股份有限公司、海盐县人民政府等单位签订同位素产业合作框架协议，其目标是在海盐核技术应用产业园中打造国际先进的同位素研发生产基地。截至2021年8月底，同位素生产线建设项目已经完成选址工作和项目建议书编制，后续拟分期推进建设。首期建设拟征地44亩，建设钴-60、碳-14、镥-177、碘-131和锶-89等5条生产线，同位素生产线项目建设进度将与重水堆在线辐照装置变更改造项目一致，计划2024年11月同步建成投产。

展望未来，秦山核电在“十四五”期间不仅将积极推动完成反应堆生产各种同位素的论证、研发、设计、制造、安全评审和变更改造，还将携手中国同辐及其他核技术利用相关企业，通过新设合资公司并由合资公司主导在“十四五”期间完成钴-60、碳-14、镥-177、碘-131和锶-89等5条生产线建设。在未来5至15年内完成钼-99、铱-192等其他核素生产线及同位素标记中心建设，打造一个批量化国产化放射性同位素及相关应用的同位素产品产业基地，成为国产化放射性同位素及相关应用的同位素产品行业的引领者。同时出口海外，布局国际市场，发展成为国内外工业、农业、医学和科研等领域核技术应用整体解决方案的供应商。

17

打造核工业大数据基地
落实新基建战略部署

秦山核电已建成覆盖公司生产运营各业务领域的EAM、ERP、ECM等信息系统，开发形成信息化五大系列对外服务产品。其中入选中国核电技术服务自主配套目录产品32项，已推广产品及服务约17项，客户遍布16个省市，中国核电板块内客户达18家，中核集团（不含中国核电）内客户达14家，已组建了一支过硬的信息化队伍。

为加快推进国有企业数字化转型工作，落实数据中心、云平台、5G网络等新型基础设施建设战略，进一步拓宽秦山核电信息化产品服务能力，秦山核电抓住“数字中国”“网络强国”和“新基建”等国家重大战略机遇，坚定不移推进数字型管理，贯彻公司“一体两翼”发展战略，全力打造核工业大数据基地。

一、发展思路与总体目标

2020年3月4日，中共中央政治局常务委员会会议上，明确提出要加快5G网络、数据中心等新型基础设施建设进度。这是近年来数据中心首次被列入加快建设的条例，数据中心作为“新基建”中的一个亮点，是国家加快发展的重要产业。

中核集团正在加快推进“数字核工业”建设，建设集团数据中心是实现数字核工业发展的基础保障，能有效缓解集团信息化资源分散和保障能力单薄的状况，有效支撑集团利用信息化手段，实现市场化、国际化、提升核心竞争力的目标。

基于以上背景，秦山核电充分利用现有资源（土地、电力等）优势，于2020年8月29日在中核集团总经理、党组副书记顾军见证下，与中国核电工程有限公司、中国核工业华兴建设有限公司、同方股份有限公司共同签订《核电信息中心建设项目工程总承包合同》，至此，中核集团首个大数据中心项目正式开建。顾军强调，该项目是中核集团积极贯彻落实党的十九大精神和习近平总书记系列批示指示精神，按照“新基建”政策，打造“数字核工业”“智慧核工业”的重要举措，这不仅将加快核强国建设进程，还将为中国数字经济发展提供强大基础资源支撑。

下一步，秦山核电将紧扣国家新型基础设施建设战略目标，结合中核集团、中国核电以及公司自身信息化发展的需要，在数据中心建设基础上同步开展5G网络、云平台、工业互联网、智慧核电的建设，夯实核工业大数据基地。

二、核工业数据中心建设

（一）数据中心机房建设

核工业数据中心建设项目用地规划面积约22.5亩，建设总建筑面积26 000平方米，在主体建筑工程完成的基础上按照一次规划、模块化设计、分期投用的原则，利用绿色环保技术降低能耗和污染，建设总装机容量为2000个标准机柜，达到国家A级标准的数据中心楼，计划于2023年初具备投入使用条件。项目建成后，将具备 500个标准机柜投入使用条件，300个标准机柜的冷源能力（完成机房的供冷主机配置及供电），1200个标准机柜拓展条件。

整个项目涉及楼宇建设和机房基础环境建设，其中机房基础环境建设包括机房装修、供电系统、空调系统、门禁系统、消防系统、监控系统、布线系统、通信系统以及配套机柜等。

（二）灾备中心建设

当数据中心核心机房发生重大突然事故时，基于生产经营类重要信息系统迅速恢复系统业务的角度考虑，需要同步策划灾备中心建设。

核工业数据中心建成后，秦山核电一、二、三厂现有信息机房除作为秦山核电本地数据中心之外，另规划承担核工业同城数据中心职能，其中秦三厂25号楼机房规划为核工业数据中心主要的同城数据中心和秦三厂本地信息机房，用于秦三厂园区核心机房及重要应用同城容灾中心，包括云平台容灾、应用系统容灾、数据库及文件备份、存储设备数据镜像备份等功能。方家山生产辅助楼一楼机房和秦二厂BX辅楼机房规划为核工业数据中心辅助同城数据和秦一厂、秦二厂本地信息机房，主要用于数据级异地备份。

（三）5G基础网络建设

秦山核电5G基础网络建设覆盖4个核电厂生产区和厂前区。其中厂前区使用较为通用的覆盖方式，即用宏基站进行广域覆盖，皮基站补盲技术方案；生产区网络主要采用分布式设计，并且可以根据实际情况调整网络设备的发射功率。

网络采用核心网下沉的建设方式，将核心网部署在核工业数据中心指定的通信机房，秦山各核电厂共用一套核心网，5G专网与秦山核电基地现有的行政电话网以及管理办公网对接，使得厂前区和生产区的5G网络之间、5G网络和行政电话网之间实现互联互通。

（四）集团商网优化改造

在已有的中核集团商网互联互通基础上，拓展完成“全覆盖、全联通”的企业级商用网搭建工作，为中核集团商业应用系统建设、运行、维护等提供了一个安全、稳定、高效、灵活的运行环境和支撑网络。

（五）互联网优化改造

开展互联网双链路入口改造工作。增加数据中心互联网接入专线，与秦三厂现有信息机房互联网接入专线形成双链路冗余接入，以提高互联网应用基础网络环境的健壮性、稳定性。

三、秦山核电数字化应用建设

（一）数据治理体系建设

以数据为核心，以数据资产管理为目标，以数据标准化为抓手，通过对数据采集、存储与处理、数据可视化分析、数据共享与交换应用、数据治理等数据全生命周期管理平台，支撑集团建立数据治理组织和线上流程制度，通过国家标准、行业最佳实践整合公司的数据资产，持续挖掘数

2020年8月29日中核集团总经理顾军来秦山核电参加大数据中心项目签字仪式

据资产价值，为公司数字化转型提供高质量的数据基础。

持续深化数据资产管理工作，需要发掘利用数据价值、提升数据质量，以及梳理管理落实过程中的难点、痛点，形成主数据平台建设方案，明确数据范围。首先，提高公司全员对于数据管理以及数据质量工作的重视程度，提升并明确业务部门在数据管理中的管理范围、管理职责，以及提高业务部门在数据管理中的参与程度；其次，梳理各业务部门数据，包括现有信息系统涉及的数据分布、数据流程、数据架构、数据问题、数据质量、数据治理方案；再次，甄别公司各业务部门涉及的基础数据、主数据、技术业务元数据，明确数据的规范性、标准性，以及后续数据清洗方案；最后，建立公司数据资产管理体系，提供数据资产管理整体解决方案，并结合方案，梳理现有系统改造内容及改造方案，明确时间计划等。

（二）核电文档大数据库建设

在秦山核电智慧文档IDOC试点项目基础上开展核电文档大数据库建设工作，总体架构图如下图所示。

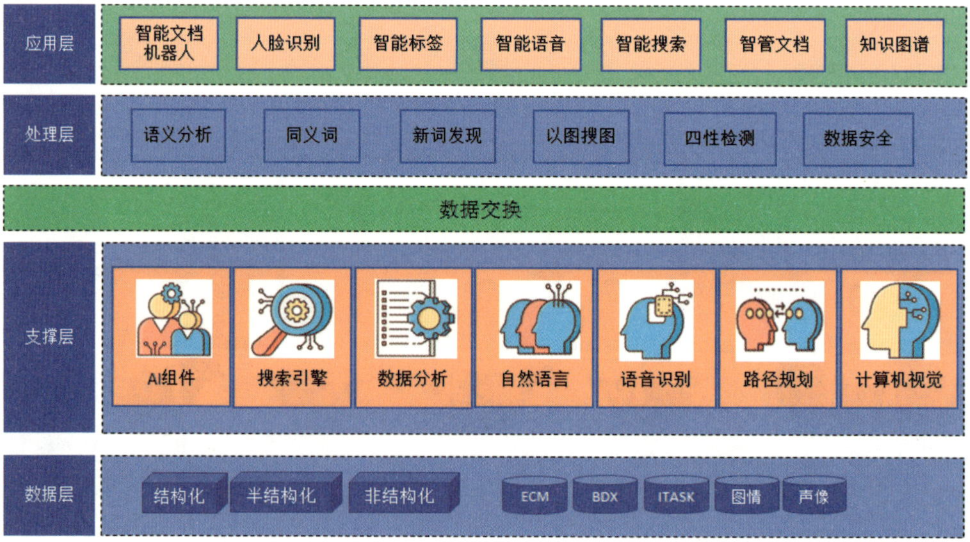

以智能化、流程化手段为驱动力，实现秦山基地核电文档的智能整合和利用，构建3个核心平台+1个专家型知识库的顶层架构规划，实现人员、技术、流程、知识四融合，完成IDOC优化提升，提供公司文档全生命周期管理新模式。

利用数据抽取技术，将公司文档管理系统（ECM）、机组文件、标准导则系统（BDX）、图情等应用系统中的管理程序、技术文件、行政文件、行业标准等各类文件抽取到基础数据库，为文件数据利用提供数据基础。

文档知识引擎作为核电站文档的基础与核心，是整个架构的基石，以原有文档检索为基础，优化完善照片、视频、音频等多种文件的关联检索，对词性的语义进行深入分析，实现文档的同义词检索、图纸的关联检索、音视频的元数据检索，将文档全生命周期以及文档多类型进行融合，实现全厂文档的一处检索多点关联，真正实现满足用户所想及所需。

（三）智慧运行规程

智慧运行规程帮助对核电厂运行规程、维修规程、培训规程、流程文件等进行结构化、数字化应用深化，对核电站运行进行精细化、数字化管理，便于运行人员在需要的时候能够快速、便捷地获取到这些规程的内容。数字规程能与核电厂运行状态监测与控制系统进行互联，并且集成到上位机中，为运行操作控制提供支持。

第一阶段，运行规程数字化。实现防人因失误工具、运行规程逻辑内置（并行、串行）、操作结果记录等功能，内置操作预演、工业安全信息以及辐射安全信息（与EAM以及设备数据贯通同步开发），可以实现现场操作次序寻优和大修关键路径寻优等目的；能够自动生成缺陷单和状态报告；关键操作培训教材内置，辅助进行设备定位和寻址。

第二阶段，运行规程智慧化。结合生产无线应用，实现现场设备状态实时跟踪，避免大修期间状态跟踪存在不及时的问题。核心技术包括设备模型化、图纸结构化，具备状态预演功能，实现隔离边界与检修设备可视化。结合5G的部署，增加SPV非能动监控设施。

（四）数字化工作包

采用电子工作包，维修人员可以通过手持终端，在需要时实时调取生产系统、文档系统、计划系统、技术支持系统等维修相关的数据，确保维修人员可以及时获取最新数据，对维修工作提供技术支持。工作完成后，可以在终端上将维修结果反馈到各系统，实现无纸化办公。

设备图纸、维修规程等电子类文件从现有ECM系统中获取；工作要求及注意事项、工作许可、风险分析等数据可以从EAM系统获取；利用P6系统，可以获取计划等数据；其他支持系统可以提供维修对象设备的三维影像图、维修对象的最短路径图等。这些数据将被抽取到电子工作包

2020年11月25日中核集团数据中心月度会暨项目开工动员会

服务器中，电子工作包服务器根据业务数据的关联关系，将这些数据进行逻辑关联，并实时更新，在被用户调用时，将目标数据推送到手持终端（无网络环境下可提前暂存），指导维修人员开展相关工作。

（五）工业安全智能管理平台

工业安全智能管理平台包括工业安全管理和消防安全管理两大模块。

高风险作业管控模块利用远程视频见证功能，实现人员作业到位情况、作业管控、高风险现场作业监督记录、到岗到位人员的查询均可被远程视频调用并可调节摄像头云台位置朝向。根据高风险作业所在区域的网络环境和视频监控条件，可选择具备条件的作业进行全过程监管，过程参照高风险作业许可流程执行（EAM信息电子规程中QC签点、ISP签点统一内置在电子规程中）。也可以选择作业过程中的某个阶段进行远程巡检和见证，并使用照片和视频进行记录。移动应用包括作业人员信息查询、作业单位信息查询、远程视频监督与管控、作业安全告知及统计、高风险作业见证与巡检记录等。

安全异常排查（安全监督检查）模块包括安全检查路径、巡检记录（日常/大修）、安全异常随手拍、异常排查分析、违章处理、管理巡视等功能，消防许可作业风险控制、特种设备检验管理以及现场安全可视化等模块均需要与移动终端、人员定位系统、视频分析系统对接，实现随时跟踪、记录、排查各类风险点。

（六）智慧供应链实施项目

秦山存储业务进行数字化梳理重组，开展交易管理平台、备件库存信息获取公共数据模型、各核电厂间工单备件全局寻库、复制仓储调度模块、备件库存单机组最佳定额数据模型、备件领用回收跟踪管理等研发工作。

实现备件从工单需求至领用后回收的全生命周期管理，并进行数据全链条的控制与数据线索追踪；在秦山地区实现统一储备定额及备件虚拟共享，及时消纳呆滞冗余库存；实现生产工单备件需求精准匹配，预测备件合理定额，优化采购供应链过程，从而在保障生产前提下实现备件库存价值的最优，有效降低备件库存成本占用。

四、对外服务产品开发

从基础资源条件对比，核工业数据中心在土地使用、电力和人才方面都具有先天优势，有助于缩短数据中心的建设周期、降低数据中心的整体成本。从需求市场来看，对内，数据中心是中核集团层面在未来信息化与科技领域一项战略性布局，将成为集团数据资产统一管理的载体；对外，数据中心地处江浙沪地区，是国内多个大型企业信息化的集中地，发展空间大，对提高机柜上架率有着至关重要的意义。

数据中心除了提供最基础的租用机柜服务以外，还可以利用秦山核电自身强大的信息服务能力，以点带面向中核集团各家单位输出更高端的服务。核工业大数据基地将建立对外服务产品目录，按照用户的需求提供出租资源（IAAS：基础设施即服务）、出租平台（PAAS：平台即服务）、出租系统（SAAS：应用即服务），出售数据资源、提供灾备服务和安全保障服务等。

机柜出租：为用户提供高度安全、可靠和容错的数据中心环境，可以保证安全存放用户的服务器和相关IT设备。核心服务包括提供重要设备的厂房资源、用户所需的电力、机柜和制冷设备。

云产品租赁：基于公司云计算平台，为客户提供云计算资源的管理及运维服务，支持用户系统全面上云。

同城容灾中心建设与租赁服务：依托现有的容灾架构，为用户提供业务连续性和灾难恢复解决方案，保障用户业务稳定、IT系统功能正常、数据安全，进而提升系统可用性。

数据资源服务：利用基于云计算、分布式存储、数据抽取整合等各种技术手段，充分挖掘核电厂运行管理数据，提供数据架构处理、数据定制、报表分析、数据库技术支持、主数据管理、业务咨询等服务。

安全体系保障服务：依托专业的运维团队，为用户提供一站式全方位的运维管理服务。提供有害漏洞威胁通知、系统漏洞扫描等技术基础安全服务，第一时间消除安全系统威胁；通过高性能防火墙、主机服务监控、网络流量监控以及主机性能监控体系等措施营造安全网络环境，全面提升用户系统的业务安全。

应急保障支持：数据中心建立完备的应急管理系统，制定应急预案和场景集中管理，制定演练计划，常态化开展应急演练，并对演练目标和实际演练效果进行跟踪比较，确保应急保障体系安全有效。

核工业大数据基地建设是秦山核电基地在信息化与科技领域的一项战略性布局，将有效支撑秦山核电利用信息化手段实现市场化、国际化，提升核心竞争力，开创数字化转型工作新局面。

18

培基育才服务核电　创新奉献铸新荣光

秦山核电是中国核电人才培养的摇篮。30余年自强不息，秦山核电人才培养事业实现了从无到有，从弱到强，形成具有深厚底蕴的核安全文化，练就了一支能驾驭多堆型运行和管理的专业领域人才队伍和管理队伍，多年来为国内外核电企业输送人才2000余人。今天的秦山核电，围绕“一体两翼”战略，不断增强核电培训的核心能力建设，打造系列对外服务产品，主动对接市场，服务国内外单位50余家，受到服务对象的广泛好评。回首秦山核电人才培养的昨天，专注今天，畅想明天，我们始终坚定不移跟党走，建立客户意识、树牢服务理念、提升效率办实事，努力建设核电人才培养的核心竞争力，强核报国铸辉煌！

一、秦山核电培训史

（一）组织机构沿革

1985年，秦山核电公司成立培训中心，2001年更名为培训部，2004年成立秦山核电公司核特有工种职业技能鉴定站。1995年核电秦山联营有限公司成立培训教育处。1998年秦山第三核电有限公司在调试生产准备处设立培训科，2003年成立培训处。

随着秦山核电的不断深化改革，2012年组建了中核核电运行管理有限公司并成立生产培训中心，下设培训管理处、运行培训处和技能培训处（核特有职业技能鉴定站）。

目前公司设置综合培训处和运行培训处作为公司培训工作的归口管理和主要实施部门，在其他相关业务处室的协助下对公司人员培训进行全方位的精细化统筹管理；成立特设机构中核核电运行管理有限公司培训委员会和核电培训中心（职业技能等级认定中心），实施培训总体监督以及对外培训服务等。

（二）培训职能介绍

培训部门负责生产和管理人员的培训管理，建立健全培训体系，确保从事核电厂安全运行和企业经营管理人员得到相应的资格；负责组织核电厂操纵人员取换照培训和考核；负责运维模拟机以及各类技能培训设施；负责并不断拓展核电领域职业技能等级认定工作。同时在保证公司培训需求的前提下为中核集团内外核电企业提供培训服务。

（三）培训设施成果展示

秦山核电拥有4种堆型的5台全范围模拟机，并不断开发接轨现场的各类技能培训设施。

1. 全范围模拟机开发和使用

建筑面积2万平方米的3座培训大楼，布置有5台套全范围模拟机。其中CP300模拟机于1995年投入使用，获得国家科学技术进步奖二等奖；后续有4台的全范围模拟机陆续投用，分别为CP650（2001年）、CANDU6（2002年）、CP660（2007年）和CP1000（2012年）。这5台全范围模拟机主要用于核电操纵人员模拟机培训和取换照考试。相应开发了CP300、CP650、CP660和CANDU6桌面模拟机，主要用于辅助操纵人员的全范围模拟机培训和教案、考题开发；CP300、CP1000和CP650严重事故模拟机，主要用于操纵人员严重事故应对培训。另外开发了重水堆换料模拟机，主要用于装换料运行人员培训。

2. 技能培训设施开发和使用

截至2021年9月，秦山核电已投用技能培训厂房5座，在建技能培训厂房2座，总建筑面积约25 500平方米。包括综合技能培训楼、机械技能培训楼、换料技能培训楼、通用技能培训楼，汽机培训展示厅。汽机培训展示厅永久陈列300兆瓦核电机组汽轮机通流设备，填补了国内核电汽轮机培训模拟体的空白。2座在建的专业技能培训楼和仪控技能培训楼，2023年投用后将填补重水堆燃料操作、专业的辐射防护技能培训等行业空白。目前有7个专业类别（机械、电气、仪控、运行、工业安全、堆本体及装换料、防人因）培训设施，为核电厂设备维修、运行操作与个人技能提升提供实操训练。其中，500千伏/220千伏仿真培训系统、装换料仿真模拟机、防人因失误线上培训系统、堆本体VR仿真培训系统等一系列数字化仿真培训设施，实现了从实体到数字化仿真培训设施的突破。

（四）核电人才培养

1. 核电站首批操纵人员培养

300兆瓦核电机组建成解决了我国大陆无核电的问题，体系和制度建设、操纵人员培训工作都是首创工程。中国自己的核电站首批操纵人员边开展培训，边开展操纵人员培训和资格要求的相关法规体系和标准建设。其中，预备值长人选主要从有反应堆运行经验的生产和研究堆值长选调，高级操纵员和操纵员人选主要从1983—1986届工科大学生选调。至1989年底完成所有人员的基础理论、核电厂系统、核电厂和反应堆运行实习、模拟机培训和核电厂岗位实习；1991年4月，经过国家组织的操纵人员取照考试，35人取得国家首批操纵员执照，其中13人取得高级操纵员执照。

随着600兆瓦、CANDU6、1000兆瓦各个机组的陆续建设，各机组首批操纵人员培养从当初依赖国外的培训资源到现在独立自主完成。

从1991年4月到2021年9月，秦山核电总计培养了1000多名操纵人员，不仅满足秦山核电9台核电机组安全运行需要，而且向新建核电项目输送了200多名操纵人员，成为各岗位的技术和管理骨干。

2. 培训助力中巴情

（1）巴基斯坦恰希玛培训项目

1994年至1997年间，秦山核电承担了恰希玛核电站生产人员工艺系统理论培训、岗位培训、反应堆操纵人员全范围模拟机培训工作。组织大量的生产骨干组成巴项培训教员队伍，专门编写了一套秦山核电站工艺系统培训教材，培养运行、维修、技术、安全管理人员共110人。这些学员回国后均成为恰希玛核电站领导层和技术骨干甚至巴基斯坦核电行业专家，为巴基斯坦核电工程的建设提供了强有力的支持。

（2）卡拉奇K2、K3运行和维护人员培训项目

自2017年12月25日起，174名巴方人员分5个批次来秦山参加培训，拉开了巴基斯坦核电与秦山核电合作的新篇章。学习内容不仅包括秦山丰富的运维和管理经验，更针对性开发了“华龙一号”堆型的系列差异化培训。2020年1月17日，培训圆满结束。秦山核电为此建立了完整的培训管理体系，搭建了高效的组织机构，编制了中英文岗位培训大纲与培训教材，组建中英文双语教员队伍。培训期间，各职能处室以及学员、教员、其他支持人员之间都建立了通畅的沟通渠道。K2、K3机组运维人员培训项目是中巴双方友谊的桥梁，为巴方成功引进我国第三代核电机组提供了各方面的人才保障。这些接受过秦山文化熏陶的优秀巴方学员，未来必将成为卡拉奇核电甚至巴基斯坦核能行业的骨干力量，也将成为跨过喀喇昆仑山的桥梁，进一步增进中巴友谊。

3. 开创核特有职业技能鉴定，发展职业技能等级认定

秦山核电核特有工种职业技能鉴定站于2004年经劳动和社会保障部正式批准成立，是国内核电行业首个核特有职业技能鉴定站，并于当年开创性完成核电领域首批核特有职业技师的职业技能鉴定工作，为此后核电行业职业技能鉴定树立了标杆。2002年起参与职业技能鉴定技术标准体系的基础建设工作，主笔编撰首批核反应堆运行值班员、核反应堆核级机

械设备检修工、核反应堆控制保护检修工和核设施清洁维护人员4个职业的国家《职业分类大典》（核工业分册）、《国家职业技能标准》等系列标准，为核电行业职业技能鉴定建立了标准。

4. 培训能力及成果

（1）对外培训能力

依托30余年来核电建造、调试、运行、维修和技术支持的积累与传承，秦山核电拥有完整的培训体系、完善的培训设施、规范的培训材料和强大的师资团队，可以为国内外提供优质、高效、专业化的培训服务。培训范围包括运行人员培训、维修人员技能培训、防人因失误培训、核电管理培训、其他专项培训，涵盖核电厂生产与管理的各个领域。

（2）对外培训成果

近年来，先后为三门核电、山东海阳核电、华能石岛湾核电、海南核电、辽宁徐大堡核电等培养了首批操纵人员等生产技术骨干和管理人才。同时，在核电工程建设、生产准备、执照人员、维修、技术、化学、辐射防护等领域培训了2000余名专业人才。他们来自IAEA、阿海珐（中国）、中广核工程公司、核动力运行研究所、中原公司、中电华元公司、中核检修等公司的合作项目。秦山核电培训的核电人才覆盖整个核行业。

二、培训能力建设

（一）构建培训体系

基于系统化培训方法，秦山核电建立了较为完善的培训管理体系。

1. 管理文件开发

依据培训政策，秦山核电建立了大纲、管理制度及工作细则三级培训管理制度体系，包含1份大纲、25份管理制度及36份工作细则等。

2. 分析设计培训大纲

秦山核电建立了以岗位培训大纲为基础的人员培训和资格管理体

系。以岗位任务为基础，依据核电厂标准，考虑入门条件、行业指南、运行经验、业绩提升、监管要求等，设计开发了领域/专业人员培训大纲、岗位培训清单等一整套岗位培训大纲文件。2012年至今，岗位培训大纲共进行了3次修订升版，有效保障了人员完成大纲清单课程培训后，具备岗位工作所需要的知识和技能。

3. 课程及培训材料开发

基于岗位培训大纲，秦山核电建立了模块化的课程管理体系，设计和开发了岗位培训大纲课程包括新员工培训、基本安全培训、基础理论培训、电站系统培训、专业理论培训、技能培训、管理培训及执业资格培训8个模块。8个课程模块涵盖大纲所包含课程约5000门。每门课程要求开发适用的培训材料，包括教材、讲义（授课PPT）以及考核材料（笔试试题、实操考核表或者岗位培训评价表）等。

4. 培训教员队伍建设

建立规范专/兼职教员管理体系，明确对教员基本素质和专业技术能力的要求；持续改进教员培训，采用分级式授权管理模式，按所授课程的属性、授课范围不同，分别取得公司级和处室级教员授权。公司级教员包括基本安全培训教员、模拟机教员、大修专项教员、技能培训教员。截至2021年9月7日，兼职教员867名，专职教员42名。

（二）操纵人员培训能力建设

1. 负责起草首个国家模拟机建设标准

1998年3月25日，由中国核工业总公司发布了中华人民共和国核行业标准《核电厂操纵员培训及考试用模拟机》（EJ_T442_1998），该标准于1998年9月1日开始实施。

2. 建立完善的操纵人员培训体系

作为我国核电机组数量最多、堆型最丰富、核电运行管理人才最丰富的核电基地，秦山核电对标国内外同行，建立了统一完善的操纵人员培

首个对外方培训核电操纵员基地

首次被授予“中央企业学习型红旗班组标杆”的“姚建远班组”

中国科学院院士欧阳予

中国工程院院士叶奇蓁

训管理流程和课程体系，培养了经验丰富的教员队伍，具备全面培养多堆型操纵人员的能力。标准化、科学化的操纵人员课程体系，设置了基本安全、基础理论、专业理论、系统设备、专业技能、管理技能、执业资格以及专题培训等模块，可以为各种类型的运行人员培训需求提供选择。秦山核电拥有操纵人员考委会专家68人、模拟机教研组专家58人、运行岗位教研组专家276人、专业理论教研组专家31人。

（三）技能培训能力建设

随着核电厂设备的国产化水平不断提高，秦山核电结合中核集团发展战略和人才发展总体规划，通过整合秦山核电培训资源，建立独具特色的技能培训体系，对员工开展系统化的技能培训。

编制《核电厂技能培训体系》（Q/CNNCJE36-2018）标准，该标准由秦山核电负责起草，作为中核集团企业标准于2018年发布。

编制《核电厂防人因失误实验室建设规范》标准，该标准计划于2021年11月30日完成。

秦山核电技能培训体系分为通用、专业、专项三个层级，以层层递进的培训模式，通过集中技能培训、岗位培训等各种培训方式，实现从新员工到高技能人才的全程培养，并于2018年成为中核集团企业标准。组织开发公司/领域级技能培训课程及相关培训资料200余套。2020年，由秦山核电主编的19册系列技能培训教材正式出版发行。其中防人因失误工具使用培训、电气三联屏视频课程、反应堆本体及装换料操作虚拟仿真模拟培训等精品课程获得广泛好评。防人因失误工具使用培训获得多项作品著作权登记和外观专利。

导师带徒、技能培训公开课、大师讲堂等作为技能培训创新举措，有力推动了公司人才队伍技能水平的提升。其中秦山核电每年的导师带徒结对数量达到300余对，充分发挥了在岗技能培训的效用。

截至2021年，秦山核电共有全国技术能手7人，中核集团技术能手16

人，中核集团首席技师3人，中央企业技术能手3人，省部属企事业“能工巧匠”5人。随着技能培训体系建设的不断创新优化和“技术、技能、管理”这三支人才队伍建设工作的不断推进，秦山核电高技能人才队伍茁壮成长。

（四）职业技能等级认定

2019年首批通过中央企业开展职业技能等级认定试点工作的双备案。之前的职业技能鉴定已改成职业技能等级认定。秦山核电承担核反应堆运行值班员、核反应堆核级设备检修工、核反应堆控制保护检修工等7个职业的技能等级认定。自2004年以来，秦山核电累计开展1000余人次的职业技能鉴定/等级认定；2012年获得“国家技能人才培育突出贡献奖”；2016年首次承办中国技能大赛——全国核工业职业技能竞赛，获得中核集团“突出贡献奖”表彰；2017年获得中核集团“核特有职业（工种）技能人才培养实训基地（秦山）”命名和授牌；2020年获得浙江省“省部属企事业工会职工教育培训基地”命名和授牌。

三、展望核电培训中心发展

（一）管理改进

1. 不断优化体系流程

秦山核电依据系统化培训方法（SAT）建立了完整的培训和授权管理体系。岗位培训大纲、课程和培训材料的标准化开发、人员资格审查流程、操纵人员培养、一体化管理技能提升培训、技能设施建设及技能人才培养等都需要顺应秦山核电的特点进行不断探索和优化，致力于通过完善“培训—授权—上岗”的运作机制，建立多维度的教员管理机制。

2. 创新培训举措，创建品牌课程

（1）建立案例库

实践出真知，萃取经验形成赋能“教材”，不断场景化、案例化、标准化，积累并建立培训的案例库。

（2）助力自学课程

结合ERP线上学习平台，分级进行管理，设置自学相关规定，并建立导师辅导、签到、考核、评价等措施保障自学的有效性。

（3）加强微课设计

针对碎片化时间开发，实现小的知识点和技能点的动态传播和学习。

（4）通过实践，进行场景化改进

打造“员工—班组长—新任副科/副处级—处科级/核职业领导力—高层”一体化的管理培训品牌课程及师资库；使用案例分析工作坊、引导师、训战结合、沙盘等创新教学方式，优化“防人因”系列课程；创建“通用—专业—专项”技能全等级秦山品牌课程；做大做强重点岗位“师带徒”优质课程；力争核电基础理论、重要专业技术理论、在岗培训课程全面开花。

3. 数字化培训平台开发和数字化培训建设

（1）打造企业员工学习平台

涵盖了在线学习、全流程培训管理等功能，该平台拟于2021年12月份正式上线应用。

（2）建立录播室

部分课程进行录播，实现网上自学，主推品牌课程的开发和推广。实现课堂教员和学员视频的自动切换合成，直接生成视频课件。

（3）筹建智慧考场

利用ERP系统人脸库，进行红外设备人脸信息采集，实现人员识别快速登录考试系统。考场设置了考试作弊检测系统、表情识别系统，有效防止代考行为。

（4）研发技能培训实操考核自动评价技术

秦山核电不断探索数字电厂、智慧核电厂等发展方向，技能培训也面临如何充分应用虚拟现实（VR）、增强现实（AR）等新培训技术手段，以及5G场景下的智能化应用等数字化转型问题。改变传统的技能培训实施主要以课堂授课、实操演练及教员考核为主的现状，一方面，充分运用VR/AR技术实现操作过程的可视化，另一方面积极探索实操考核场景下的自动判定技术开发。对特定场景下的考核设施及工器具进行数字化改造，将考核流程及判定标准程序化，从而使考核过程量化和自动化，减少人为因素影响，可以极大地提高培训有效性。

（二）培训能力保持与提高

1. 教学能力提升

认知培训前置，面授培训基于真实岗位任务开展。秦山核电致力于建立多维度的教员管理机制。建立专兼职教员分级认定和管理制度，教员评选和认证等活动与薪酬及岗位晋升挂钩，同时针对金牌教员以及获得上级单位认证的教员所在部门应有相应的激励政策。

何少华工作室

提升公众对教员的关注度、认可度，进行优秀教员、金牌教员的评选等活动，并着力培养获得中核集团认证和行业认证的优秀教员，提升教员的社会认知度，提高教员的荣誉感。

拓宽教员的引入渠道，在条件允许的情况下开展师资内引外派交流，借助高校实习、校企合作、外部协会等平台，引入外部师资或外派优秀教员，强化教学能力，扩大影响力。

举办各类课程设计竞赛，以赛代练，不断提升教员对于课程的打磨力度，同时推出教员品牌课程。

2. 技能等级认定和开展技能竞赛的能力提升

秦山核电积极争取拓宽职业技能评价范围，2021年申请成为开展职业技能等级认定试点社会培训评价组织，具备开展对协作单位员工和社会人员的职业技能等级认定的能力。职业技能竞赛活动是推动高技能人才队伍建设的重要手段之一，积极承办各层级的职业技能竞赛，激发员工学习专业技能的热情，达到“以赛促学、以赛促练”的目的。

“浩渺行无极，扬帆但信风”。秦核人才培养路漫漫兮而道远。

秦山核电将继续大力推进核电人才培养基地建设，坚持不懈地“走出去”，为核电人才培养提供持续锻炼的平台，持续提升秦山核电品牌影响力。

19

围绕核电基地建设零碳未来城

2020年9月22日，习近平总书记在第七十五届联合国大会一般性辩论上做出二氧化碳排放力争于2030年前达到峰值，努力争取2060年前实现碳中和的国际承诺。2020年12月12日，习近平总书记在气候雄心峰会上进一步宣布，到2030年，中国单位国内生产总值二氧化碳排放将比2005年下降65%以上，非化石能源占一次能源消费比重将达到25%左右，我国能源结构亟待长期深度脱碳转型。

能源是经济增长的重要支柱。由于资源禀赋特点，我国的能源结构长期以化石能源为主。据统计，2019年我国一次能源消费总量高达49亿吨标准煤，其中煤炭消耗占比57.7%，石油消耗占比19%，天然气消耗占比8%，非化石能源占比15.3%。以煤为主的能源消费结构和长期以来高污染高耗能的产业布局，使我国年碳排放量达100亿吨，环境承载和国际舆论等方面都承受了巨大压力。

一、核能在能源结构调整中的作用

从国际上看，欧美的能源结构调整主要经历了从煤炭到油气，再到低碳能源的两次更迭。欧洲在20世纪90年代二氧化碳排放达到峰值，美国在2007年二氧化碳排放达峰，而后随着经济社会的自然发展，碳排放缓慢下降。我国由于油气储量相对匮乏，在碳达峰碳中和的背景下，必须大力发展低碳能源，创新实现能源结构从化石能源到低碳能源的跨越式转变。

目前，我国新增低碳能源主要以光伏、风电等可再生能源为主。风、光在发电环节不产生温室气体，发展空间大。但随着其在电力系统中占比的逐步提升，发电侧出力变化越来越难以预测，平衡难度不断加大，严重影响系统安全。高比例可再生能源电力系统需要有足够的灵活性资源，而且对爬坡备用容量的需求明显增加。因此，风、光的大规模发展不仅需要足够规模、成本低廉的储能设施，也需要一定规模的基荷电源来保障供应。另一方面，可再生能源虽能满足部分电力供应，但对工业生产中的高品质工艺蒸汽替代无能为力，难以完全替代传统化石能源，满足工业生产需求。

核能具有清洁低碳、能量密度大、换料周期长、出力稳定、供给可靠性强等特点，不仅可以提供基荷电力，而且通过综合利用技术，可以稳定提供工业生产需要的热、冷、压空、氢等综合能源，在推动能源生产与消费革命的转型中具有突出优势。根据IAEA统计数据显示，2019年，全球核电总装机容量4.43亿千瓦。具体到国家层面，美国核电年发电量最高，为8520亿千瓦时，约占全球核电年发电量的30.4%。法国、中国、俄罗斯核电年发电量紧随其后，分别为3994亿千瓦时、3487亿千瓦时、2090亿千瓦时。1亿千瓦核电装机，按照每年发电7500小时计算，年发电量可达7500亿千瓦时。按发电煤耗290克标准煤/千瓦时计算，相当于2.2亿吨标准煤或3亿吨原煤，相应减少二氧化碳排放约6亿吨。根据2019年核、水、风、光的利用小时数测算，1亿千瓦核电的发电量和二氧化碳减排量，相当于2亿千瓦水电、3.5亿千瓦风电，或者6.3亿千瓦光伏。因此，作为目前唯一可以大规模替代化石能源的稳定低碳清洁能源，核能将与风、光等清洁能源形成互为补充、协同发展的新局面。

二、核能开发综合利用新模式

随着核能利用技术不断发展，核能应用场景增多，除发电外，核能供热、供汽、制氢等逐步得到应用。然而目前的核电选址往往距离人口密集的城区较远，将核电站富余的热水、蒸汽等能源输送到城市区域往往面临着高昂的管网建设成本和较大的管网输配损失。因此，围绕核电站打造综合功能区，在安全范围内，布局和配套工业区、生态区以及居住区等，可实现能源的高效利用。

目前国内已投运与在建的核电机组大都为压水堆机组，蒸汽参数较低，主要用于发电，并可适当兼顾核能近距离供暖、供冷、动力压空及低压工业蒸汽。随着具有第四代技术特征的高温气冷堆技术的不断成熟，压水堆配套“高温气冷堆+母管式蒸汽回路+背压式汽轮机”形成的综合能源供应平台，可实现30千米范围内的工业蒸汽供应，大大拓展核能供暖

供冷范围，提升压空制备的一次能源利用率，满足化纤、石化、纺织印染等产业对于中压及高压蒸汽需求，助力实现“绿色化工”。高温气冷堆耦合生物质制氢、热化学制氢，可实现氢气大规模生产的无碳化，尤其可就近为化工园区提供稳定的生产工艺用氢，满足大部分工业园区的全部用能需求，是现有化石能源零碳替代的理想解决方案。

三、核能综合利用的优势

（一）核能是能源安全的重要保障

中国能源资源相对匮乏，而且对外依存度持续攀升，煤炭、石油和天然气进口量逐年增长并占有较高比例。从保障能源安全的角度出发，要考虑减少进口能源的比例，必须自身有可靠的能源予以替代，核能无疑是一个非常好的选择。作为负责任的核大国，我国提出了世界上第一个核安全概念，率先将核安全纳入国家安全体系，并通过立法保障核安全，体现了我国对核安全的高度重视和确保核安全的坚定信心。截至2020年底，我国运行核电机组达到50台，总装机容量为4989万千瓦，位列全球第三，在建核电机组11台，总装机容量1100万千瓦。经过长期建设，我国在核事故预防与应急、提高公众理性认知等方面已处于世界前列。

（二）高效能源推动改变区域工业布局

供汽方面，核能的一次能源利用率高达79.4%，可有效降低工业生产的碳排放及能耗强度。供暖方面，在运核电机组平均每吨核蒸汽可提供约2.5吉焦供暖量，剔除供暖损耗后一次能源利用率达85.1%，远远高于居民普遍使用的电加热采暖34.7%的一次能源利用率。随着核能制氢工艺的进一步成熟，核电机组不仅能为周边的工业园区提供综合能源，同时能够提供清洁稳定的工艺原料，将有效促进能耗强度达到国际先进水平的产业向核电周边聚集发展，实现工业生产中传统化石能源的清洁替代。

（三）零碳能源助力实现国际国内双循环

当今世界正处于“百年未有之大变局”，新一轮科技革命和产业变革蓬勃兴起，国际环境日益复杂多变，保护主义上升，叠加新冠肺炎疫情的全球化、长期化影响，世界经济低迷，全球市场萎缩。面对重重困难和挑战，我国逐步形成以国内大循环为主体、国内国际双循环相互促进的新发展格局。2021年3月10日，欧洲议会通过了设立碳边界调节机制的原则性决议。按照时间表，2023年欧盟地区将全面实行“碳关税”政策。该政策一旦落地，将对国内的出口产生严重冲击，全面影响出口商品的价值链，包括原材料成本、生产工艺的能耗要求以及产品的碳足迹管理等。核能作为清洁能源，一方面可通过增量配网，构建物理隔离的零碳电力供应，另一方面可通过核能综合利用提供冷、暖、热、汽等零碳综合能源，保障出口型企业的生产过程中使用零碳能源，助力其更好打开国际市场，实现国内循环和国际循环相互促进的良性互动。

四、零碳未来城的谋划历程

零碳未来城从谋划开始，持续得到中核集团与地方政府的重点关注与大力支持。2020年9月，中核集团党组书记、董事长余剑锋，总经理顾军拜访了浙江省委书记袁家军、代省长郑珊洁。双方在会晤中交流了秦山核电配合地方政府打造零碳未来城的规划设想，并得到初步认可。同年年底，秦山核电与海盐县正式签署战略合作协议，将零碳未来城纳入战略合作项目。

2021年1月，“围绕核电基地探索建设零碳未来城（园）”列入浙江省第十三届人民代表大会第五次会议通过的《浙江省国民经济和社会发展第十四个五年规划和二〇三五年远景目标纲要》。

2月，秦山核电向嘉兴市发改委专题汇报零碳未来城规划方案。

3月，《零碳未来城战略研究》递交至省能源局电力处。同月，海盐县与秦山核电召开工作联席会，秦山核电向海盐县汇报零碳未来城规划情况，时任县委书记陈玲芳表示，该规划“站位高，思路宽，谋划远”，与海盐的经济社会发展有着紧密的联系，海盐县将大力支持。

4月，海盐县成立核电相关项目领导小组及包括零碳未来城专班在内的6个工作专班，与秦山核电密切配合，深化合作，努力打造企地共荣、高质量发展的“全国样本”。

5月，浙江省委、省政府召开全省碳达峰、碳中和工作推进会，省委书记袁家军在会上指出“围绕秦山核电基地开展零碳未来城（园区）建设，鼓励开展核能综合利用，延伸产业链，提高附加值”。同月，“围绕探索建设零碳未来城（园、社区）”先后纳入《浙江省能源发展“十四五”规划（征求意见稿）》与《浙江省电力发展“十四五”规划（征求意见稿）》。

6月，秦山核电向习近平总书记写信汇报30多年来取得的成绩和零碳未来城建设等未来发展规划，得到了总书记的鼓励。中核集团党组书记、

零碳未来城

董事长余剑锋带领党组成员一行实地察看了零碳未来城展示中心，要求进一步加强地方沟通，积极争取将零碳未来城列入浙江省和国家规划，强化系统思维，推进规划项目全面落地。同月，秦山核电与清华大学能源环境经济研究所签署了战略合作协议，聘请何建坤教授担任顾问，共同开展零碳园区评价体系研究建设。

7月，国资委规划局听取了中核集团关于零碳未来城等项目的工作汇报。同月，零碳未来城先导项目核能供暖工程正式开工。

8月，浙江省能源局电力处在秦山核电组织召开零碳未来城规划推进会，协调推进零碳未来城上报事宜。

经过近一年的研究谋划，零碳未来城已完成由1个战略研究加7个专题研究构成的零碳未来城研究体系，相关研究报告通过四个轮次的专家评审，并在此基础上形成零碳未来城发展规划，计划下一步开展省级、国家级试点申报工作。

五、零碳未来城总体方案

零碳未来城以绿色、生态、零碳为导向，可以解构为零碳、未来和城三个方面的概念内涵。零碳，以零碳核能为基础，指生态、绿色以及温室气体的零排放，要求建设生态城市、发展绿色产业，且实现二氧化碳等温室气体的净零排放。未来，指高新化、高端化、高质化以及数字化、智慧化，是对产业及城的要求，意为面向未来、引领时代。城，指产业新城，零碳未来城本质上是一座产业新城，承载着区域对赶超发展、创新提升、美好生活的向往。

（一）零碳未来城体系

一个核心目标：打造国内首个、国际领先的核能零碳高质量发展示范区。

五大特征：零碳示范、产城融合、科创引领、企地共建、智慧互联。

零碳示范：聚焦碳达峰和碳中和，以零碳的核能为基础构建完善的能源供应体系，实现全领域零碳化。产城融合：把规划区域城市建设和产业发展有机结合，实现共生、共利。科创引领：抓住科技和产业革命新机遇，推动科研院所和高等学校落地，推动全方位高质量发展。企地共建：推动新时代央企与地方深度融合发展，实现互惠共赢。智慧互联：推动智慧园区、智慧工厂、智慧交通和智慧社区的深度融合，在规划区域内实现智慧互联。

五大场景：零碳能源、低碳产业、零碳生活、未来治理和未来景观。

零碳能源：充分利用核能零碳优势，以核为基础，积极推进核能零碳电力、热力、压缩空气等综合供应，开展增量配电网试点、化石能源替代，探索数字能源变革，加快构建以核能为中心的零碳、清洁、安全、韧性、智慧的综合能源系统，为全球探索零碳能源治理提供中国方案。低碳产业：聚焦国际国内“双循环”，依托零碳化、智能化、集约化的超级工厂，重点发展核电及关联产业链，谋划发展新能源新材料、高端装备制造、数字经济产业链，使得园区内的产品具有零碳绿色的特征，拥有国际竞争优势。零碳生活：推动零碳生活方式和零碳生态旅游发展，积极推行更高标准的绿色建筑，形成空间布局混合紧凑、长江以南核能集中供暖先行先试、生态环境友好的零碳型未来社区样板。未来治理：推进城市大脑和城市神经元设施建设，创新开发融合型应用场景，打造实现物理空间与虚拟数字空间交相辉映的数字孪生城市；建成城市神经元设施感知网，实现城市数据交换和智能决策的快速响应。未来景观：全域山、海、湖、城相依相融，科技与生态、现实与未来完美结合；依托绿水青山，加快培育文创、康养、休闲、培训等经济业态。

（二）零碳核能综合供应方案

零碳未来城围绕“零碳能源”发展目标，以核能为基础，光伏、风电等可再生能源为补充。建立以区域电网、蒸汽管网、供暖/制冷管网、压缩空气管网、除盐水管网等能源分配综合网络体系。综合考虑零碳未来城居民生活、公共建筑、工业园区的用能需求，供应冷、热、电、氢、除盐水、压缩空气等多种能源和介质，实现多种异质能源子系统之间的协调规划、优化运行，协同管理、交互响应和互补互济。构建以核能为基础的绿色低碳、安全韧性、开放共享、智慧高效的零碳综合能源供应系统。

（三）零碳未来城产业发展

零碳未来城以“国际国内双循环”为使命，围绕零碳能源，构建“2+3+1”产业体系，打造长三角绿色科创高地。重点发展核电及关联、核技术应用这两个产业，谋划发展新能源新材料、高端装备制造、数字经济这三个产业，着力培育科创产业，增添产业发展源动力。建设零碳超级工厂，探索零碳能源交易中心，争取国家能源低碳研发中心或实验室落地，承担国家重大科技项目，推广低（零）碳技术集聚、示范、应用，打造零碳高端制造业产业集群，为出口型企业打破国际贸易碳税壁垒提供核力支持。

（四）生态友好绿色发展

零碳未来城规划区域除了能源生产清洁零碳外，在产业引进方面综合考虑清洁化和循环化的基本要求，使其在建设和生产过程中把对环境的影响降低到最小。周边景区开发与园区开发兼容互补，将未来工厂与景区生态完全融合。生态岸线和自然湿地是未来景观的重要组成部分，通过生态修复、绿植覆盖和环境治理形成绿色和谐的示范项目，并增加自然碳汇。

六、“十四五”期间主要开发项目

“十四五”期间，秦山核电计划分阶段集中力量先行建设同位素生产基地、核能供暖项目、核工业数据中心以及增量配电网等项目，形成零碳未来城示范带动效应，打响零碳未来城品牌。

同位素生产基地，主要开展碘-131、镥-177、锶-89、碳-14等同位素的研发生产。有力带动辐照加工、核特色医疗、核技术装备制造、核药制备、诊断医疗等同位素应用产业链发展，打造全国核技术应用产业示范基地。截至目前，六大核技术应用项目已集中签约落户同位素生产基地。

核能供暖项目，利用秦山核电现有机组冬季的富余能量开展核能供暖，一阶段工程已于2021年7月28日正式开工，计划年底前实现三个核电生活区及养老院的核能供暖，打造“江南核能供暖示范窗口”，为破解我国南方供暖难题提供“秦山方案”。二阶段计划2022年启动，实现海盐县北线新增公建设施的核能供暖；三阶段计划于2023年开工，实现海盐县400万平方米大规模核能集中供暖目标。

核工业数据中心，计划建设总建筑面积26 000平方米、总装机容量为2000个标准机柜、达到A级标准的核电信息中心。目前，数据中心已完成桩基工程施工，计划2022年底完成工程验收。

增量配电网，以草鞋滩为目标区域，第一阶段2021年启动，开展增量配电网试点申报；第二阶段2023年启动，开展增量配电网设计和具体建设；第三阶段2024年启动，在完成增量配电网建设后向“零碳未来城”目标区域供电。

今年是中国共产党成立100周年，也是秦山核电安全发电30周年。秦山核电将大力弘扬伟大建党精神，传承和发扬“两弹一星”精神和“四个一切”核工业精神，践行“强核报国、创新奉献”的新时代核工业精神，立足“三新一高”，以创新为驱动、以协调为支撑、以能源为纽带，全力推进零碳未来城建设，使其成为推动区域高质量发展的先行示范。

20

“再造一个新秦山”的力量之源

“秦山、秦山，那一片海滩上高高的山冈，你的名字从历史走来”“昨日的坎坷、历史的悲怆，化作今天万顷烟波浩荡，从这里起步、从这里出发，秦山的名字，在历史的天空下亘古荣光。”2021年7月13日，秦山核电原创音乐剧《国之光荣》首演，深深感染了每一位到场观众。音乐激昂，歌声嘹亮，舞姿曼妙，穿越30年风雨兼程、物换星移，唱出初心梦想、唱出薪火相传、唱出奋发昂扬。

秦山，又称秦望山、秦驻山。《海盐县志》载“秦始皇所以望东海，故山得其名焉”。这个颇具传奇色彩的地方，是为秦山核电站建设厂址。20世纪70年代初，周恩来总理指出，“要通过这座核电站的研究、设计、建设、运行，培训人员，积累经验，为今后的发展打好基础”——秦山核电站是一项承载国家使命、国家希望的工程。没有党的领导就没有秦山核电、就没有秦山核电的发展，秦山核电的血脉里天然融入了红色基因，安全第一、自力更生、艰苦奋斗、国家荣耀，就像一盏盏指路明灯，从一开始就照亮了前进的道路。1991年12月15日0时15分，中国大陆第一座核电站——秦山核电站并网发电，从此中国成为能够自主设计、建造核电站的国家，秦山核电站也被誉为“国之光荣”。

今年是秦山核电安全发电30周年，原来削壁凌峰、枕海望原的秦山，已成为目前我国机组数量最多、堆型品种最丰富的核电基地。从当年“容量和堆型之争”“自主建设引进技术之争”“像中国人这样搞下去，是要毁了核电的”，到今天中国核电的起航地、“红色根脉”和“红船”，发生翻天覆地变化的根源在哪里？究竟是怎样的精神品质穿越时空引领着秦山核电发展成长？

一代人有一代人的使命，一代人有一代人的精神。从20世纪70年代到1991年，我国成功自主设计、建造了秦山核电站，实现“中国核电从这里起步”，秦山核电人展现出艰苦创业、刻苦攻关、为国争光的精神特质，形成“严细、求实、团结、奉献”的精神。从20世纪90年代到2011年，坚持“以我为主，中外合作”，相继建成秦山二期、秦山三期工程，秦山核电人展现出“安全到永远”的安全文化观和“坚守责任、安全运营，情系核电、创新发展”的价值追求。从2012年到2015年，秦山核电人努力践行“追求卓越，超越自我”的价值观，做强做优，专业运行，全面建成秦山核电基地。以习近平总书记对核工业创建60周年作出重要指示为标志，中国核工业进入新时代，秦山核电人坚守“责任、安全、创新、协同”的核心价值观，“十三五”期间实现安全发电和经济效益五连增。

当质疑变成赞叹、当彷徨化为坚定、当迷茫换成希望——时间之河砾沙烁金，带给我们时代的答案。如今，秦山核电已迈入“十四五”新征程，为实现“碳达峰”“碳中和”目标积极贡献秦山力量。什么样的精神可以成为我们航标灯塔？什么样的情怀可以激励我们奋勇前行？伟大事业孕育伟大精神、伟大精神引领伟大事业。在向公司全体员工征集、向离退休老同志问计、向了解秦山核电的专家咨询中，大家的反馈都围绕着这样一些关键词：创新、奉献、光荣、安全、严细、责任、卓越、奋斗、自主等。当我们回望历史、眺望未来，发现贯穿秦山核电来路并标定未来方向的，是“自力更生、艰苦奋斗，严细认真、安全至上，创新奉献、为国争光”的新时代秦山精神。这是秦山核电安全发电30年的精神密码，也是照亮未来实现“再造一个新秦山”的力量之源。

“再造一个新秦山”凭什么——自力更生、艰苦奋斗：这是秦山核电实施“一体两翼”发展战略、“再造一个新秦山”需要保持的精神状态。新时代，秦山核电人要始终发扬核工业优良传统，保持“老秦人”的奋斗本色，发挥先发优势，坚持独立自主，干在实处、走在前列、勇立潮头，努力打造中国核电的“红船”，成为世界核电运营管理的领跑者。

“再造一个新秦山”靠什么——严细认真、安全至上：这是秦山核电人坚持安全第一、筑牢国家安全基石需要坚守的实践要求。安全是核工业的生命线，秦山核电人要始终确保核安全，以严之又严、细之又细、实之又实的作风，将严细融入一切，把安全贯穿于每个环节，落实在行为习惯中，融合在文化自觉里，认真做好每一件事，全力筑牢国家安全的基石。

“再造一个新秦山”为什么——创新奉献、为国争光：这是秦山核电人崇尚荣誉、忠诚事业所追求的奋斗方向。创新是推动发展的第一动力，奉献是核工业的光荣传统，为国争光是秦山核电人的使命传承。秦山核电人要牢记“国之大者”，始终激扬“国之光荣”荣誉感、使命感，做“国之光荣”的坚定捍卫者和发扬者，奋力抢占创新制高点，奉献安全高效能源、创造清洁低碳生活，为服务好“三新一高”争取更大光荣。

“征途漫漫，惟有奋斗。我们通过奋斗，披荆斩棘，走过了万水千山。我们还要继续奋斗，勇往直前，创造更加灿烂的辉煌！”

未来之望，精神先见。

70多年前，在中国共产党领导下，延安军民同心协力开展大生产运动，自己动手丰衣足食，形成了延安精神，自力更生、艰苦奋斗的创业精神是我们党的“传家宝”。

60多年前，党中央作出研制“两弹一星”决策时确立“自力更生为主，争取外援为辅”的方针，广大研制工作者发愤图强，艰苦创业，把功绩书写在大漠秘密事业中，“自力更生、艰苦奋斗”成为“两弹一星”事业的立足基点。

50多年前，周恩来总理指出，核电站工程建设必须坚持“安全、适用、经济、自力更生”的方针。坚持自主、必然艰难。作为一项开创性、技术难关密集的重大工程项目，建设秦山核电站面对的是我国当时还没有自己的核电规范和技术标准，国际上对核电关键技术又保密甚严等多方面的困难。

因为艰难、必须奋斗。“做埋头苦干事、创惊天动地业”，这是20世纪80年代秦山核电站土石方施工时挂在现场的横幅，建设者们在混凝土底板施工5个多月里，吃饭都是两顿送到工地，而职工食堂距工地仅千米；钢筋工人比计划缺了一半多，女同志顶上去；100多公斤重的钢筋磨破了衣服，扎进肉里……方家山工程调试中，为追赶工程进度，全部力量扎根现场，许多人经常24小时奋战现场，试验中饿了就啃点方便面、困了和衣眯一会……就这样，秦山核电人刷新了国内同类机组从首次装料到临界、并网发电最短工期纪录。

坚持自主，成果辉煌。秦山核电站的设计与建造实现了我国核电自主设计、自主建设，推动核电关键装备自主设计建造，形成核电调试、运行和管理经验和体系。而之后的秦山二期工程实现60万千瓦级核电技术、装备国产化重大跨越，秦山重水堆建设以总工期最短、投资少的出色成果，实现中核集团核电建设运行管理与国际接轨。方家山工程实现了中核集团“自主30万千瓦到百万千瓦的跨越”。可以说，自秦山核电1985年开工建设、1991年并网发电以来的30多年建设发展历程，是展示中国核工业“二次创业”和中国核电事业自力更生、安全发展、创新发展的重要窗口。

于高山之巅，方见天地广阔；于凌云之上，更觉长风浩荡。自力更生、艰苦奋斗，是秦山核电人传承和践行“两弹一星”精神、“四个一切”核工业精神和“强核报国、创新奉献”新时代核工业精神的作风呈现，也是秦山核电人坚持以我为主、锻造核心能力、保持奋斗本色的精神之基。“征途漫漫，惟有奋斗。我们通过奋斗，披荆斩棘，走过了万水千山。我们还要继续奋斗，勇往直前，创造更加灿烂的辉煌！”如今，“再造一个新秦山”的画卷已经徐徐铺展，坚持自主、艰苦奋斗就是秦山核电人奋勇前行的动力、也是秦山核电自立于世界核电之林的世纪回响。

“它的存在提醒我们要时时刻刻将人因失误工具的使用记在心。看着时针跳动，我感觉我的心也在随之跳动。”

2021年9月3日，秦山核电厂1号机组运行许可证获准延续至2041年7月30日，这对我国构建整套运行许可证延续技术体系、评估方法，促进我国核电厂运行许可证延续标准体系建立健全、培养专业人才队伍具有深

远影响。安全发电30年的秦山核电，用这样响当当的事例告诉世人：秦山核电人的安全追求、安全探索、安全业绩经得起历史检验。

安全是核工业的生命线，这源自核工业的特殊性，也是我国核工业一直遵循的方针。1974年3月31日，周总理主持中央专委会审查批准七二八核电站工程建设方案和设计任务书，语重心长地说："一定要以不污染国土、不危害人民为原则。"秦山核电坚持安全发展，将"严细融入一切"，确保核电安全万无一失。在设计、选址、建造、运行等各阶段，严格执行法律规范和程序制度，持续推进技术改造和技术创新，提升机组本质安全水平。秦山核电根据日本福岛核事故经验反馈，在完成25项安全改进项目基础上又投入6.5亿元，完成海堤加高、增设高位固定式应急柴油机等56项改进项目。

1994年秦山核电引进安全文化，按照IAEA推荐方法自上而下地宣传推广安全文化，开展内部自我评审和外部同行评估，改进工作过程，实施过程控制，应用以风险分析为基础的风险控制方法，建立独立监督验证体制，在国内率先开展定期安全评审、概率安全分析，施行SAT培训方法，开发防人因工具，建立防人因失误实验室，提倡STAR工作方法等，形成了一套有秦山特色的安全文化，特色实践不断呈现，如"每日一条安全信息""防人因失误时钟""iWeiXiu"等。一位值长评价"防人因失误时钟"时说："工作时每位员工一抬头就能看到显示屏上的时钟，时时见、刻刻见。它的存在提醒我们要时时刻刻将人因失误工具的使用记在心。看着时针跳动，我感觉我的心也在随之跳动。"

对安全的重视还体现在秦山核电人的一些"个性"事例中——"安全工作无小事"。秦山三期工程设备监造中发现2号机组3、4号蒸汽发生器预热板的一个安装长槽开错方向。面对严峻的工期压力、外商的各种计算证明，秦山核电果断下达停工令，设备得以重新制造，确保了安全质量。刘刚，秦山核电一位已退休的安全监督员，工作中讲原则、不通融。有一次，他在现场监督时看到一位工人使用斜口钳对带电电缆进行剪割，他及时制止违章行为，说明违章操作危害，按规定对其进行了全厂通报。钱碧军，工业安全监督员，他在对一项脚手架高风险作业进行监督检查时发现，工前会记录中将“高处作业过程中，物料存放时必须安置牢固”判定为不适用。他立即叫停工作，要求现场重新召开工前会进行作业风险分析。

2015年，习近平总书记对核工业创建60周年作出重要指示强调，要坚持安全发展、创新发展，坚持和平利用核能，续写我国核工业新的辉煌篇章。无论何处，安全都是秦山核电不可动摇的基石；无论何时，我们都要确保核安全万无一失，将严细认真、安全至上融入新发展脉络、注入新发展蓝图，不能有一丝一毫放松懈怠，持续筑牢国家安全的重要基石。

“压抑了许久的巴方人员再也抑制不住激动的心情，纷纷竖起大拇指，向中方人员高呼：中国伟大！”

作为国家工程，秦山核电得到了周恩来、邓小平等老一辈党和国家领导人的亲切关怀，江泽民、胡锦涛等党和国家领导人莅临视察。时任浙江省委书记习近平同志曾3次视察秦山核电，充分肯定了核电为经济社会发展作出的重大贡献，强调要发展清洁能源，走可持续发展道路。这份金闪闪的荣耀、这份沉甸甸的期望，让秦山核电人倍加珍惜、备受鼓舞。秦山核电人坚守“创新奉献”这一核工业光荣传统，努力“为国争光”。当祖国和事业需要，唯有创新、奉献与荣誉。

于洪福是秦山核电厂第一任厂长，1982年4月在大西北工作生活18年后，他接受了新任务——参与筹备创建中国大陆第一座核电站。这对于洪福来说很突然，“自己一点思想准备都没有”。他用半个月时间交接完工作后，立即到上海报到。从那时起他就下定决心，无论有什么艰难险阻，凭着对党和事业的忠诚，凭着要干出一番成绩的信念，一定要把这个核电站建成功。

2015年12月，巴基斯坦恰希玛核电站1号机组主泵电机推力瓦烧毁，经生产厂家多次故障处理未果之际，巴方再次想到了曾给予他们无数次支持帮助的秦山核电。秦山核电派出由“全国劳模”姚建远带队的专家团队抵达现场后，仅花费3天时间，问题就彻底解决了。看着主泵震动达到历史最佳值，巴方人员再也抑制不住激动的心情，纷纷竖起大拇指，向中方人员高呼：“中国伟大！”而带队的姚建远是推迟手术毅然出发的。

由此可见，对“国之光荣”的珍视时时刻刻在秦山核电人的骨子里，兢兢业业、无私奉献，努力在方方面面争创第一：第一座国产化核电站，核电企业中第一个核职业技能鉴定站，第一个探索核电对外服务并取得显著效益，第一家获得全国爱国主义教育示范基地，尽管不是第一个获得“全国文明单位”，但仍要努力超越、成为第一个在全国精神文明表彰大会发言的核电企业……

当一张纸被赋予每分钟13 000转速，可以切开椰子——实现突破的途径唯有创新。秦山核电人坚持独立自主，把创新作为助力我国核电科技自立自强的基础条件。秦山核电沿着创新之路跋涉奋进，仅在秦山核电站的设计中就完成400余项科研项目，取得150多项省部级以上成果，1997年秦山核电站设计与建造项目获得国家科技进步奖特等奖。如今秦山核电已拥有各种专利735项，各类标准67项，ISO国际标准2项。

2008年，何少华负责的巴基斯坦恰希玛核电站堆内构件水下修复项目进入关键阶段，距离合同约定时间只有3个月。美国西屋公司一位资深项目经理说，“这个项目联合试验就要半年，你们3个月实现完全不可能。”为按期完成，何少华每天早上5点上班，晚上8点多才回到家。他说：“秦山一期同样的检修项目要付给外国公司那么多费用，我下定决心，一定要攻克这个难题。”2008年6月，他们提前10天完成水下修复，填补了我国核电水下检修技术的空白。

对“国之光荣”的珍视和执着让秦山核电人无怨无悔去尝试、去探索、去奉献：勇做“第一个吃螃蟹的人”；完成巴基斯坦6台机组调试运行，书写“南南合作的典范”；在多年谈判未果情况下，“十年磨一剑”自主研发钴-60生产技术，打破国际技术垄断，并在技术战疫中展现央企担当；在稳定发展期全力落实上级部署、历经波折探索核电专业化改革新路径；紧贴国家发展脉搏助力实现“双碳”目标，努力打造“零碳未来城”；带动地方发展核电关联产业，结对帮扶浙江3个村；破解我国南方供暖难题提供“海盐方案”，推进核能供暖民生服务项目……

当前，我国已做出“碳达峰”“碳中和”的庄严承诺，“零碳未来城”是秦山核电人立足“三新一高”、助力实现“双碳”目标、借鉴国内外良好实践奉献的又一项创新之举。秦山核电邀请国内顶级院士和专家开展三次专题评审，联系清华大学等为规划提供专业咨询，最终确定了“零碳能源+产业之城+科创之城+生态之城”的基本内涵，并列入了浙江省“十四五”规划。与此同时，同位素生产基地的六大核技术应用项目签约落户海盐、核工业大数据中心建设按计划推进，秦山核电在产业链形成、惠及民生福祉和解决关键技术等多方面逐渐形成新突破。以“创新之我”“奉献之我”创建“荣耀之秦山”，秦山核电人创新奉献、为国争光的步伐坚定执着。

“一块石头的力量或许微乎其微，但千万块石头的力量足以抵挡海浪的冲刷。让所有运行人员紧紧团结在一起，像海堤上小石头一样凝聚成一股强大的力量，为核电事业的发展创造美好的未来。”

这段话来自一位核电老师傅在安全例会上分享的工作体会，他叫刘有才，2010年退休。他的分享引起强烈反响——核电人要像海边的小石头一样，平凡、坚持、守责、团队，扎根岗位，尽职守责，默默发挥安全基石的作用，话虽质朴却蕴含了深刻的道理。

在秦山核电发展史上，每当我们面对关键抉择犹豫不决时，每当我们遇到困难彷徨无依时，总有这样一些时刻、这样一些面孔让我们感动，

新的征程

秦核人在践行新发展理念、核铸强国梦的道路上满怀信心，规划新目标，奋力建设世界一流核能基地，努力续写我国核工业新的辉煌篇章。

让我们坚定，给我们以勇气。面对工程下马传言四起的窘境，秦山核电站设计团队留下铿锵誓言：“只要没看见宣布秦山核电工程下马的中央正式文件，我们就没有权利放下手中的计算尺！”面对“杜拉风波”，带领大家力挽狂澜使秦山核电，建设步入正轨的秦山建设总指挥、核工业部副部长赵宏的言语清晰而坚定：“对每一件事情，无论大小都认真负责，不推托，不回避，不扯皮，这是责任心的问题，这一辈子我都这样！”面对海水管道阀门故障打开、海水狂涌而入的险境，奋不顾身跳入齐腰深的水里将入口阀关闭的“全国劳模”田庆红，当时心中只有一个念头：“快点排除故障，不要让海水泵电机损坏。”当On-call响起，小年夜晚才到湖南老家的付勇在团圆夜连夜返回、已到成都的龚福君“打飞的”返程、2000公里外的窦春德带上妻儿驱车从四川踏上归程。在30万千瓦机组运行岗位上默默工作30年的霍永中师傅，以其严谨、细致为人所熟知，积累了丰富的电气操作经验，多次发现重要缺陷，荣膺“公司劳模”；清洁女工苏花英在秦二厂汽轮机厂房内进行卫生清洁例行检查时，发现2号机组高压缸保温阴燃，她没有慌张、没有漠视，及时报警，避免了事态扩大……

就是这样一群可爱可敬的秦山核电人，用勤劳拼搏奉献的双手，以30多年的接续奋斗，凝聚成改天换地的磅礴伟力，让秦山从传说走向现实，从梦想走向未来，并在党和国家的发展史上熠熠生辉：入选新中国成立70周年大事记、中国共产党成立100周年大事记，入展新中国成立70周年成就展、中国共产党党史馆、军事博物馆……今日的秦山核电，持续保持9台机组安全稳定经济运行，全力“再造一个新秦山”，统筹建设两个“零碳城”和“四个基地”，正处于“升级再造”“腾笼换鸟”“爬坡上坎”的关键时期。机遇前所未有、挑战前所未有，尤其需要全体秦山核电人保持“雄健的精神”，从其中不断汲取奋进的力量。

我们要从新时代秦山精神中汲取情怀的力量。民之所系、国之大者。“国之光荣”既是赞誉、更是使命，它源自承载完善国家核工业体系、发展民族工业的历史重任。在推动实现“碳达峰、碳中和”的征途上，我们必须立足“三新一高”，自觉把个人发展与国家责任、民众期待、企业发展结合起来，胸怀“国之大者”，做“国之光荣”的坚定捍卫者和发扬者，主动担当奉献，努力创造新业绩，让新时代秦山精神成为秦山核电人担当奉献的力量之源。

从新时代秦山精神中汲取实践的力量。大道之行，广阔无垠。精神是实践的指引，实践是精神的源泉。核电事业都是干出来的，奋进新征程，我们可能会遇到这样那样的艰难险阻，我们必须时刻以奋斗者姿态“奔跑起来”，发扬斗争精神，主动担当作为，敢于攻坚克难，切实提升执行力，落实从我做起，让新时代秦山精神成为秦山核电人拼搏奋进的力量之源。

从新时代秦山精神中汲取人格的力量。秦山核电人秉持自主品质、创新精神、安全意识和奉献情怀，扎实工作、奋发有为，使得“秦山核电”这个名字历经岁月洗礼而愈发光彩夺目，它代表着敢为人先、信赖、严谨、细致，代表着中国核电的底气、志气，代表着秦山核电人的品质、品格、风范。奋进新征程，秦山核电人要坚定目标、坚定信念、坚定斗志，努力实现“再造一个新秦山”，让新时代秦山精神成为秦山核电人发展成长的力量之源。

以史为鉴，开创未来；精神火炬，代代相传。我们相信，一个明确目标方向、充盈精神力量的组织必将实现它的战略目标，并在前行的道路上无畏无惧、勇往直前！

部分专业英文缩写释义

WANO	世界核电运营者协会
INES	国际核事件分级
IAEA	国际原子能机构
SAT	系统化培训方法
OSART	核电厂运行安全评估
PDMIS	个人剂量管理
IRP	辐射防护数据库
OSC	电厂运行支持中心
ERP	中国核电人财物一体化管理系统
EAM	中国核电生产运行管理系统
ECM	中国核电企业内容管理系统
IDOC	电子文件智能利用平台
OLE	运行许可证延续
ASME	美国机械工程师协会标准
RCCM	法国压水堆核岛机械设计和建造规则
NNSA	国家核安全局
DCS	分布式控制系统